Siegfried Spindler

111 Orte im Frankenwald, die man gesehen haben muss

111

emons:

Bibliografische Information der Deutschen Nationalbibliothek
Die Deutsche Nationalbibliothek verzeichnet diese Publikation in der Deutschen Nationalbibliografie; detaillierte bibliografische Daten sind im Internet über http://dnb.d-nb.de abrufbar.

MIX
Papier | Fördert gute Waldnutzung
FSC® C083411
FSC
www.fsc.org

Layout: Anja Sauerland, nach einem Konzept von Lübbeke | Naumann | Thoben
Lektorat: Julia Lorenzer
Kartografie: altancicek.design, www.altancicek.de
Kartenbasisinformationen aus Openstreetmap,

Druck und Bindung: CPI – Clausen & Bosse, Leck
Printed in Germany 2024
ISBN 978-3-7408-2195-1

Vorwort

»Im Frankenwald gibt es keine Berge, nur Täler!« Mit diesen Worten ist der authentische Frankenwald in seiner Ursprünglichkeit passend beschrieben. Umgeben von Wäldern, inmitten saftig grüner Wiesen und von vielen Bächen durchzogen, findet sich in dieser reizvollen Landschaft eine Vielzahl von sehenswerten Orten mit Bedeutung, über die es einiges zu erzählen gibt.

Stille hören – Weite atmen – Wald verstehen! Diese Kernthemen drücken alles über die Naturschönheit des Frankenwalds aus. Nicht umsonst wurde diese Region 2015 als erste »Qualitätsregion Wanderbares Deutschland« in Bayern ausgezeichnet. Wandern in der Königsklasse – draußen bei uns! Auf einem 242 Kilometer langen Fern-Rundwanderweg oder einer der 31 kürzeren Frankenwald-Steigla, die durch dichte Waldpartien, aussichtsreiche Hochflächen, malerische Orte und vorbei an Burgen und Festungen führen, präsentiert sich diese harmonische Region.

Das raue Klima hat keine Spuren bei den Menschen hinterlassen. Die Gastfreundschaft und die Herzlichkeit der Bewohner strahlen eine besondere Wärme aus. Von alters her waren die Einheimischen gewohnt, hart zu arbeiten. Sie haben mit viel Geschick und Wendigkeit den Wald an den oft steilen Hängen bearbeitet und das begehrte Holz weit über die Grenzen Deutschlands hinaus bekannt gemacht. Sie haben aus wenigen Rohstoffen kunstvolle Werke geschaffen und den Frankenwald somit zu einem besonderen Gütesiegel verholfen. Auch die lukullischen Besonderheiten wie mannigfache Wurstsorten, wohlschmeckende Braten und Soßen als auch das vortreffliche Bier aus dem Frankenwald trugen und tragen auch heute noch dazu bei, bei Einheimischen und ihren Gästen ein Gefühl des Behagens zu hinterlassen.

Diese einmalige Landschaft mit ihrer reichen Vergangenheit sowie merkwürdige, gelegentlich auch skurrile Orten, die man gesehen haben muss, geben vielerlei Gründe, den Frankenwald zu besuchen.

111 Orte

1 Das Bergwerk

Der Spuk im Park

Der Kurpark von Bad Steben wurde angelegt, um sowohl den Gästen, die sich in Bad Steben zur Kur aufhielten, als auch den Bürgern eine Möglichkeit zu bieten, vom Alltag abzuschalten, sich an der famosen Blumenpracht zu erfreuen und den Fontänen der Springbrunnen zu lauschen.

Das war jedoch nicht immer so, und den wenigsten ist wahrscheinlich bekannt, dass es hier, direkt am Kurplatz, vor vielen Jahren ein Bergwerk gab. Wenn man genau hinsieht, kann man dort noch immer Spuren der Vergangenheit im Boden erkennen.

Damals bemühte man sich, Eisen und Kupfer aus den Tiefen zu fördern. Es wurden Stollen gegraben, und fleißige Bergarbeiter versuchten, die Fundstücke aus dem Boden mit den einfachsten Mitteln nach oben zu bringen. Es kam jedoch immer wieder vor, dass Arbeiter während ihrer Tätigkeit in der Grube erstickten. Den Bergleuten wurde immer mulmiger zumute, und sie nahmen an, dass tief unten die Berggeister ihr Unwesen trieben, denen es nicht gefiel, dass sie ihrer Schätze beraubt wurden.

Was die Menschen damals noch nicht wussten, ist, dass Bad Steben auf einer Magmablase errichtet wurde. Heute geht man davon aus, dass sich an dieser Stelle ein Vulkan entwickeln wollte, der jedoch nie wirklich entstand. In dieser Blase bildete sich die geruch- und farblose Kohlensäure, die im Stollen aufstieg. Diese Kohlensäure atmeten die Bergmänner ein und erstickten daran. Nachdem es einige Todesfälle gegeben hatte und man den wahren Grund dafür nicht herausfinden konnte, wurde der Stollen kurzerhand wieder geschlossen und der Bergbau wurde an anderen Stellen vorangetrieben.

Jahrzehnte später stellte man fest, dass die Kohlensäure auch positive Eigenschaften hat, die im medizinischen Bereich erfolgreich genutzt werden können. Für das Heilbad Bad Steben eröffnete sich so die Möglichkeit, weitere Therapieformen anzubieten.

Adresse Badstraße 31, 95138 Bad Steben | **Anfahrt** A9, Ausfahrt Berg/Bad Steben, auf der St2629 durch Berg und Issigau, nach circa 8 Kilometern links in die Lichtenberger Straße Richtung Marxgrün, in Marxgrün rechts Richtung Thierbach, Bad Steben, von der St2896 in Bad Steben links in die Bahnhofstraße, dann links in die Hauptstraße und weiter in die Badstraße | **Öffnungszeiten** immer zugänglich | **Tipp** Die alte Wehrkirche St. Walburga in Bad Steben verfügt über ein besonderes Sakramentshäuschen und einen Taufengel.

2 Biedermeier im Park

Vatermörderkragen und Schutenhüte

Der Markt Bad Steben ist als Kurort weit über die Grenzen des Frankenwalds hinaus bekannt. Tagtäglich trifft man auf Spaziergänger, die im Kurpark Ruhe suchen, die schöne Umgebung genießen oder die vielfältige Blumenpracht bestaunen. Und es gibt noch eine Besonderheit, die im Park an bestimmten Tagen zu erleben ist: Es sind die Biedermeierfreunde, die sich monatlich treffen und den Besuchern einen besonderen Augenschmaus bieten.

Das Biedermeier hatte seine Blütezeit in den Jahren 1815 bis 1848. Der Dichter Ludwig Eichrodt war es, der den Namen dieser Epoche entscheidend prägte. In einem Roman beschrieb er das Leben eines schwäbischen Dorfschullehrers als bieder. Und schon wurde die fiktive Person zum Vorbild dieser Ära.

Auch Bad Steben blieb von dem Geist dieser Zeit nicht unberührt. Inmitten des nach englischem Vorbild gestalteten Kurparks entstanden das Kurhaus, die Kolonnaden und das Kurhotel. Bereits damals konnte man im Park ein reges Treiben von Spaziergängern beobachten, die zum Flanieren auftraten, um der Bevölkerung zu zeigen, was sie hatten.

Anhänger des Biedermeiers kamen auf die Idee, den Kurpark als Kulisse zu nutzen und diese vergangene Zeit noch einmal aufleben zu lassen. Genau zum 175. Jahrestag, an dem Bad Steben zum Bayerischen Staatsbad ernannt wurde, fand die erste Aufführung der Freunde des Biedermeiers statt. Die Damen flanierten mit Reifröcken, Schutenhüten und Hammerkeulenärmel, die Herren mit Vatermörderkragen, Frack und Zylinder durch den Park und hielten den einen oder anderen Plausch. Das fand großen Anklang bei der Bevölkerung und den Besuchern. Der Auftritt wurde zu einem Erfolg, sodass sich die Biedermeierfreunde immer wieder treffen und durch den Kurpark spazieren. Aber auch andere Städte sind auf die Gruppe aufmerksam geworden und laden sie regelmäßig zu Festen und Veranstaltungen ein.

Adresse Kurpark Bad Steben, Badstraße 8, 95138 Bad Steben | Anfahrt A9, Ausfahrt Berg/Bad Steben, auf der St2629 durch Berg und Issigau, nach circa 8 Kilometern links in die Lichtenberger Straße Richtung Marxgrün, in Marxgrün rechts Richtung Thierbach, Bad Steben, von der St2896 in Bad Steben links in die Bahnhofstraße, dann links in die Hauptstraße und weiter in die Badstraße | Öffnungszeiten Auftritt der Biedermeierfreunde jeden letzten So im Monat um 14 Uhr | Tipp Die Therme von Bad Steben ist ein empfehlenswerter Ort zum Entspannen und Erholen. Sie befindet sich unweit des Parks.

3 Das Grafikmuseum

Kunstgerecht spazieren gehen

1994 gründeten die beiden Kunstliebhaber Stefanie und Dr. Wolfgang Schreiner das im Kurhaus befindliche Grafikmuseum. Der Auftrag, dem sich das Ehepaar stellte, hieß, mit Kunst Brücken zwischen den Menschen zu bauen. Bad Steben war für ihr Projekt ein idealer Standort, da sich der Markt nahe der ehemaligen Grenze befindet und das Ehepaar Schreiner bereits Erfahrungen in Ost- und Westdeutschland gemacht hatte, wie man die Annäherung der Menschen mittels der Kunst fördern konnte. Ihr Leben lang sammelten sie zeitgenössische Druckgrafiken aus aller Welt, und im Laufe der Jahre erwuchsen daraus eine große Sammlung und ein immenses Wissen.

Seit 2022 wird ein zweijähriger Stiftungspreis durch das Museum ausgerufen, mit dem herausragende Leistungen auf dem Gebiet der zeitgenössischen Druckgrafik honoriert werden. Zusätzlich finden im Museum immer wieder wechselnde Ausstellungen statt, in denen auch Fotografien, Gemälde und Keramikkunst präsentiert werden.

Mittlerweile hat das Museum sein Wirken zusätzlich nach außen verlegt. In einer Zusammenarbeit mit der Stadtverwaltung wurde ein Skulpturenweg ins Leben gerufen. Auf diesem Weg, der quer durch Bad Steben führt, stellen Künstler aus verschiedenen Ländern ihre Kunst aus und tragen so zur künstlerischen Gestaltung der Marktgemeinde bei. Von einem Globus, der in einem Edelstahlkorsett gefangen ist, über ein aus Granit bestehendes Haus sowie aus Holz und Stein geformte Bruchstücke bis hin zu einer Granitsäule, die vom Künstler als »Lebewesen« bezeichnet wird, ist ein abwechslungsreicher Einblick in die unterschiedlichen Ausdrucksweisen der Künstler möglich.

Die Idee fand sehr großen Anklang, weswegen es zukünftig noch mehr zu sehen geben wird. Kunst soll auch für Kinder nicht langweilig sein. Mit diesem Vorsatz werden die Ausstellungen auch kindgerecht aufbereitet.

Adresse Badstraße 30/31, 95138 Bad Steben | **Anfahrt** A9, Ausfahrt Berg/Bad Steben, auf der St2629 durch Berg und Issigau, nach circa 8 Kilometern links in die Lichtenberger Straße Richtung Marxgrün, in Marxgrün rechts Richtung Thierbach, Bad Steben, von der St2896 in Bad Steben links in die Bahnhofstraße, dann links in die Hauptstraße und weiter in die Badstraße | **Öffnungszeiten** täglich 9–18 Uhr | **Tipp** Im Seifengrund, südwestlich von Bad Steben, befindet sich ein Baum, der ganz besondere »Anhängsel« hat: nämlich Schuhe!

4 Die Heilquellen

Wo es spritzt und sprudelt

Bereits im 15. Jahrhundert lernten Menschen das Quellwasser aus Bad Steben kennen und begannen bald, seine Wirkungen zu schätzen. In Bayreuth gab es damals bereits die ersten wissenschaftlichen Untersuchungen darüber, die 1690 veröffentlicht wurden. Auch die Bamberger Erzbischöfe schätzten den »Stebener Säuerling« und ließen sich das Heilwasser in die Residenz liefern. Im Jahr 1832 wurde Steben zum Königlich Bayerischen Staatsbad erhoben, und die ersten Kureinrichtungen entstanden.

Es sind drei Quellen, die dem Kurort die Möglichkeit geben, eine ganz besondere Behandlung durchzuführen, durch die Bad Steben eine Sonderstellung in Westeuropa einnimmt. Und wesentlich sind auch die drei Komponenten, die hier in Bad Steben sprudeln: Radon, Kalzium und Magnesium. Medizinisch anerkannt, werden sie bei Erkrankungen des Bewegungsapparates, bei Herz- und Kreislaufproblemen, Gefäßerkrankungen und Erschöpfungszuständen erfolgversprechend eingesetzt.

Das Wasser aus der Tempel-Quelle, die sich direkt im Park befindet, enthält Radon, das das Immunsystem stimuliert und entzündungshemmend und schmerzlindernd wirkt. Die nächste im Park befindliche Quelle ist die Wiesen-Quelle. Es handelt sich um ein kohlensaures Mineralwasser mit einem hohen Gehalt an Magnesium, Kalium und Kalzium. Die Max-Marienquelle liegt im Geroldsgrüner Forst, etwa neun Kilometer südöstlich von Bad Steben. Das Wasser regt mit seinem hohen Kalziumgehalt die Nieren an und wird bei Gicht und Harnwegsinfekten verordnet.

Zum Teil können die Gäste das Wasser auch trinken. Bei der Badekur, wenn das Wasser mit Kohlensäure angereichert ist, entsteht das Gefühl, in einem prickelnden Champagnerbad zu sitzen. Und dann gibt es noch die traditionellen Moorbäder oder Moorpackungen, die dem Körper wohltuende Wärme spenden. Übrigens: Bertolt Brecht war auch schon hier!

Adresse Kurpark Bad Steben, Badstraße 31, 95138 Bad Steben | Anfahrt A9, Ausfahrt Berg/Bad Steben, auf der St2629 durch Berg und Issigau, nach circa 8 Kilometern links in die Lichtenberger Straße Richtung Marxgrün, in Marxgrün rechts Richtung Thierbach, Bad Steben, von der St2896 in Bad Steben links in die Bahnhofstraße, dann links in die Hauptstraße und weiter in die Badstraße, Tempel- und Wiesen-Quelle am Parkeingang links | Öffnungszeiten immer zugänglich | Tipp Ein Besuch in Bayerns jüngster Spielbank lohnt sich schon allein wegen der Architektur. Immer wieder finden Veranstaltungen statt, und auch Theaterstücke werden aufgeführt.

5 Das Humboldt-Haus

Glück auf!

Alexander von Humboldt, der 1769 in Berlin das Licht der Welt erblickte und dort auch mit fast 90 Jahren starb, strebte immer wieder danach, sein Wissen zu erweitern. So ließ er sich in den unterschiedlichsten Wissenschaften ausbilden, und seine Forschungsreisen führten ihn unter anderem in die USA, nach Lateinamerika und Zentralasien.

1771 trat er in die Bergakademie Freiberg ein. Bereits nach acht Monaten Studium wurde er zum Bergassessor ernannt. Relativ zeitgleich stand der Wiederaufbau der Herzogtümer Bayreuth und Ansbach an, die ziemlich stark abgewirtschaftet waren. Für diese Aufgabe war Alexander von Humboldt wie geschaffen.

Im Juli 1792 übernahm er die Bergämter im Frankenwald. In dieser Zeit ließ er sich in Bad Steben nieder und wohnte in der heutigen Badstraße 2; das Haus trägt immer noch seinen Namen. Er trieb den Bergbau in der Region stark voran und war dabei sehr erfolgreich. Aber auch das Wohl der Arbeiter lag ihm am Herzen. So rief er zum Beispiel eine Berghilfskasse ins Leben, die den Arbeitern im Krankheitsfall finanzielle Sicherheit bot. Zudem eröffnete er eine Bergmannschule, in der in den Wintermonaten Unterricht abgehalten wurde. Hierbei war es ihm wichtig, dass die Schüler besonders in den Fächern Geologie, Mineralogie, Bergrecht und örtliche Geografie ausgebildet wurden. Die Räumlichkeiten fand er in der heutigen Hauptstraße 2, wo sich jetzt das Rathaus befindet. Neben den Schülern ab zwölf Jahren, die vorher bereits die Dorfschule besucht hatten, durften auch 24- bis 26-jährige junge Männer am Unterricht teilnehmen. Hiermit gründete er die erste Arbeiter-Ausbildungsschule Deutschlands, die man durchaus als Vorläufer der heutigen Berufsschulen betrachten kann.

1795 verließ Humboldt Bad Steben und folgte neuen Herausforderungen. Seine Spuren sind im Frankenwald noch an vielen Stellen sichtbar.

Adresse Kurpark Bad Steben, Badstraße 8, 95138 Bad Steben | **Anfahrt** A9, Ausfahrt Berg/Bad Steben, auf der St2629 durch Berg und Issigau, nach circa 8 Kilometern links in die Lichtenberger Straße Richtung Marxgrün, in Marxgrün rechts Richtung Thierbach, Bad Steben, von der St2896 in Bad Steben links in die Bahnhofstraße, dann links in die Hauptstraße und weiter in die Badstraße | **Öffnungszeiten** nur von außen zu besichtigen | **Tipp** Im Bergbaumuseum Friedrich-Wilhelm-Stollen in Lichtenberg ist ein Rückblick auf die Wirkungszeit von Alexander von Humboldt möglich.

6 Mordlau

Die böse Stiefmutter

Die Mordlau, eine Einöde in der Nähe von Bad Steben, war früher ein bekannter Ort, an dem Bergbau stattfand. Auch heute sind dort noch Mundlöcher zu finden, denn das Mordlauer Bergbaurevier gehörte einst zu den ergiebigsten im Frankenwald.

Aus der damaligen Zeit ist folgende Sage überliefert: In der Mordlau lebte ein fleißiger Bergmann mit seiner Stiefmutter. Als er eines schönen Tages in den Berg einfuhr, trat ein Berggeist in Gestalt eines Mönchs zu ihm und sagte: »Ich bin gekommen, dir zu helfen! Ich stelle nur die Bedingung, dass du mir einen Teil deiner Funde abgibst.« Der Bergarbeiter willigte ein, und es geschah, wie der Geist es vorausgesagt hatte: Der Bergmann konnte jeden Tag eine große Menge an Eisenerz bergen und gab, wie versprochen, dem falschen Mönch einen Teil davon ab. So konnte der Bergmann im Laufe der Zeit ein beträchtliches Vermögen ansammeln.

Seine Stiefmutter war jedoch ein geldgieriges, geiziges altes Weib, das nie genug bekommen konnte. Und so drängte sie ihren Stiefsohn, den wahren Hintergrund seines Erfolges zu benennen. Der Stiefsohn, ein besonnener und ehrlicher Mann, erzählte ihr die Geschichte, die er im Berg erlebt hatte. Da verlangte die Stiefmutter von ihm, sich nicht weiter an die Absprache mit dem Berggeist zu halten, sondern so viel wie möglich mit nach Hause zu nehmen, damit der Reichtum in ihrem Haus noch schneller wuchs.

Diesem Spektakel sah der Geist eine Zeit lang zu. Eines Tages aber wurde es ihm zu viel. Er presste den Bergmann mit seiner eisernen Faust in den Karren, schüttete ihn mit Eisenerz zu und erdrückte ihn. Als die anderen Bergmänner den verlassenen Karren bemerkten, schafften sie ihn weg und kippten ihn um. Zum Schrecken aller entdeckten sie den toten Bergmann unter dem Eisenerz. Jahre später verstarb die habgierige Stiefmutter einsam und allein, denn bis zu ihrem Tod gab es niemanden mehr, der sich um sie kümmern wollte.

Adresse 95138 Bad Steben | **Anfahrt** A9, Ausfahrt Berg/Bad Steben, Richtung Berg, Issigau, Hölle, in Hölle rechts auf die St2195 nach Lichtenberg, links abbiegen und auf der St2196 Richtung Bad Steben, kurz vor Bad Steben rechts nach Mordlau | **Öffnungszeiten** immer zugänglich | **Tipp** Südwestlich von Bad Steben entspringt der Seifenbach, aus dem zu Zeiten des Bergbaus Zinn, Gold und Silber gewonnen wurden.

7__Der Planetenweg

Das kleinste begehbare Universum

Pünktlich zur 600-Jahr-Feier von Bobengrün am 4. Juni 2010 konnte der Planetenweg, für dessen Entstehung sich ortsansässige Hobbyastronomen eingesetzt hatten, eingeweiht werden. Vom CVJM-Haus bis zum Gerlaser Forsthaus erstreckt sich ein schöner Wanderweg von etwa drei Kilometer Länge. Auf diesem trifft man immer wieder auf Säulen, die die Planeten unseres Sonnensystems maßstabsgetreu darstellen und des Weiteren interessantes Wissen vermitteln.

Der lehrreiche, ganzjährig begehbare Planetenweg, der auch sehbehinderten Menschen zugänglich ist, hat seinen Anfangspunkt in Bobengrün. Dort findet sich ein Parkplatz oberhalb des CVJM-Hauses. Gleich zu Beginn steht das Modell des Zentralgestirns der Sonne, und bereits nach wenigen Metern begegnet man der Erde. An dieser plastischen Darstellung wird jedem sofort klar, wie klein doch unser blauer Planet im Vergleich zur Sonne ist. Übrigens werden die Modelle von einem geheimnisvollen Licht angeleuchtet und bieten somit einen besonderen Reiz.

Der Planetenweg führt auf kaum befahrenen Straßen und Wegen bis zum Forsthaus, und an einigen Stellen lohnt sich ein Blick auf die wunderbare Natur. Die Gegend bietet herrliche Aussichten.

Für den Rückweg empfiehlt sich ein Abstecher auf den Jungbrunnenweg. Dieser führt über den Marmorsteinbruch Horwagen. Der Steinbruch, der in privater Hand ist, wurde 2005 mit dem Gütesiegel »Bayerns beste Geotope« ausgezeichnet. Die einmalige Farbenpracht, die der rote Kalkstein bietet, ließ ihn in Deutschland als »roter Marmor« bekannt werden. Entstanden ist er wahrscheinlich vor 370 Millionen Jahren.

Direkt an der Dorfstraße in Bobengrün befindet sich das alte Rathaus. In den Räumlichkeiten des ehemaligen Rat- und Schulhauses sind Ausstellungen zu den Themen »Unser Dorf«, »Bobengrüner Handarbeit«, »Wagnerei«, »Skiwerkstatt« und »Horwagener Marmor« zu bestaunen.

Adresse Unterer Gerlas 5, 95138 Bad Steben-Bobengrün | **Anfahrt** A9, Ausfahrt Berg/Bad Steben, B173 Richtung Kronach, bei Naila rechts Richtung Bad Steben, geradeaus bis Thierbach, links nach Bobengrün, dort 1. Straße links in den Mühlbergweg, am Ende kleiner Parkplatz | **Öffnungszeiten** immer zugänglich | **Tipp** In Thierbach sind in der Nähe des ehemaligen Wirtschaftsgebäudes des Schlossguts noch die Grundmauern der Türme des Schlosses zu sehen.

8 Die Adelskammer

Schwarzblau muss sie sein

In Carlsgrün, einem kleinen Dorf ganz in der Nähe von Bad Steben, steht ein oberfränkisches Unikum: die Adelskammer. Hierbei handelt es sich um das älteste Wirtshaus im Frankenwald. Die ersten Gäste kehrten bereits im 17. Jahrhundert ein, und seit 1781 ist das Haus im Besitz der Familie Gebelein.

Familiensinn wird hier großgeschrieben. Drei Generationen bewirtschaften den Betrieb, und einmal in der Woche treffen sich ein paar Damen im Haus, um gemeinsam Kartoffeln zu schälen. Die älteste Dame, die hier noch fleißig mitmischt, ist 97 Jahre alt. In der Küche wird noch so gekocht wie früher. Wer hier modernste Geräte sucht, sucht vergebens. »Handarbeit« wie anno dazumal ist angesagt. Und dementsprechend ist auch die Speisekarte gestaltet: Es finden sich Brotzeiten sowie bodenständige Schmankerl bis hin zum aufwendigen Braten. Nicht umsonst ist die Adelskammer bei Einheimischen eine beliebte Adresse. Hier kehren zudem viele Touristen ein, aber auch Kurgäste aus Bad Steben.

Eine ganz besondere Spezialität ist die schwarzblaue Kartoffel. Die Familie bemüht sich selbst um den Anbau, und auch einige Landwirte im Umkreis sind auf die Besonderheit aufmerksam geworden. Selbst die Landesversuchsanstalt für Lebensmittel in Weihenstephan hat ihr Interesse bekundet und ist sehr daran interessiert, dieses Lebensmittel weiter zu erforschen. Die Wirtsstube wie das übrige Haus sind urig eingerichtet. Der »alte Herd« in der Küche ist der Familie besonders ans Herz gewachsen. Zwar musste er vor einigen Jahren nach altem Vorbild neu gesetzt werden, aber die Köchin ist überzeugt davon, dass er viel besser funktioniert als jeder andere moderne Küchenherd.

Zum Betrieb gehört auch das gegenüberliegende Haus, in dem Ferienwohnungen untergebracht sind. In der näheren Umgebung führen mehrere Wanderwege durch die Schönheit der fränkischen Natur und Landschaft.

Adresse Dorfplatz 8, 95138 Bad Steben-Carlsgrün | Anfahrt A9, Abfahrt Berg/Bad Steben, durch Berg und Issigau, in Hölle rechts nach Lichtenberg, dann Richtung Bad Steben, kurz vor Bad Steben nach Carlsgrün abbiegen, rechts in die Krötenmühlstraße, links in den Siemensweg zum Dorfplatz | Öffnungszeiten Do–Mo 9–22 Uhr | Tipp Im nahe gelegenen »Wirtshaus ohne Wirt« besteht die Möglichkeit zum Ausruhen. Die kühlen Getränke, die dort meist frei zugänglich sind, bieten eine wunderbare Erfrischung.

9 Der Eisenpark

Hier stehen die Figuren stramm

Die Eisenerzgewinnung hatte im Frankenwald lange Zeit große Bedeutung, und an vielen Orten stößt man heute noch auf Bergwerke. Allein in der Region um Eisenbühl gab es sieben davon. Neben Eisenerz, weißem und braunem Eisenstein sowie Kupfererz konnten hier auch Malachit und Dachschiefer abgebaut werden. Zudem gilt die Gegend, die seit 1989 als »Mittelpunkt Europas« bezeichnet wird, als reich an Mineralien.

Prof. Dr. Claus-Frenz Claussen, der sich in der Medizin einen Namen machen konnte, reiste viel in Deutschland umher und streifte bei seinen Fahrten immer wieder den Frankenwald. Insbesondere Eisenbühl hatte es ihm angetan. In dem kleinen Ort erkannte er den idealen Platz, um seinen lang gehegten Traum eines Eisenparks umzusetzen. Prof. Dr. Claussen hatte sich bereits vorher intensiv mit den Zusammenhängen zwischen Wissenschaft und Kunst auseinandergesetzt und hielt dazu auch viele Vorträge. Er stellte auch gern Kunstobjekte aus, und nun konnte er seinen eigenen Park eröffnen. 1997 wurde der »Eisenpark des Eisenbildners von Eisenbühl« feierlich eröffnet.

Auf einer etwa drei Hektar großen Fläche finden sich teils überdimensionierte, farbig gestaltete Skulpturen aus der Welt der Mythen, Märchen, Geister und Visionen. Besonders hervorstechend ist die handwerkliche Kunst, die bei dem hohen Gewicht dennoch Präzision aufweist. Jede dieser Skulpturen, die nach Thema oder Schöpfungsphase geordnet sind, regt an, sich der eigenen Phantasie hinzugeben. Mittlerweile sind hier 230 Skulpturen entstanden. Der Weg durch den Eisenpark, der aus der Vergangenheit in die Zukunft führt, besticht mit seiner Außergewöhnlichkeit und seiner Vielfalt.

Das Gelände, das direkt am Eisenpark-Weg liegt, kann jederzeit besichtigt werden. Nach Absprache werden auch Führungen angeboten. Da der Künstler 2022 verstorben ist, werden keine neuen Kunstwerke mehr dazukommen.

Adresse Eisenpark, Zur Schieferleite 9, 95180 Berg | Anfahrt A9, Ausfahrt Berg/Bad Steben, Richtung Berg, von der Hofer Straße rechts in die Hirschberger Straße abbiegen, 1. links und in die Ina-Straße, nach etwa 4 Kilometern am Ende rechts, nach 400 Metern rechts in die Schieferleite | Öffnungszeiten immer zugänglich, Führungen nach Absprache per E-Mail an ute_fiedler@gmx.de | Tipp In der Nähe von Pottiga, also etwa zwölf Kilometer entfernt, wurde ein eindrucksvoller Skywalk errichtet, der einen grandiosen Blick über das Saaletal bietet.

10 Das Felsenlabyrinth

Das Bier im Sandstein

Aus der Zeit vor Jahrmillionen, als sich ein tropisches Meer in der Region ausdehnte, stammt wahrscheinlich noch das heutige Felsenlabyrinth bei Ebneth. An einem Waldhang liegend, wurde es aus riesigen Sandsteinfelsen gebildet, die im Laufe der Zeit durch Erosion glatt geschliffen wurden. Heute sind diese Formationen geowissenschaftlich sehr bedeutungsvoll.

Auf einem Areal von 250 Meter Länge und 50 Meter Breite liegen die imposanten Felsblöcke kreuz und quer. Aus diesem Grund werden sie auch als »Labyrinth« bezeichnet. Herausragend ist die Treppe seitlich an einem der Blöcke. Dort wurden Stufen in den Stein geschlagen, die oben an der sogenannten Opferschale enden. In esoterischen Kreisen wird dieser Stein auch als Heilstein bei Frauenleiden angesehen.

Als Ende des 18. Jahrhunderts in dieser Gegend das erste Bier gebraut wurde, fehlte es an geeigneten Lagerstätten, um das Gebraute kühl zu halten. So wurde eine Idee aus anderen Gegenden mit Bierproduktion übernommen: Man schlug kurzerhand Kellergänge in den weichen Sandstein. Somit hatte man fortan ausreichend Lagerplätze für Bier und andere Lebensmittel. Die Kühlräume werden heute noch als Lager genutzt und erhalten einmal im Jahr besondere Aufmerksamkeit: Immer am Vatertag findet hier nämlich das traditionelle »Ebnether Kellerfest« statt. Das Labyrinth stellt dabei nicht nur eine hervorragende Kulisse dar, denn die Vorfahren haben mit ihrer harten Arbeit auch für eine ausreichende Kühlung des Biers und aller sonstigen Getränke gesorgt.

Zudem gibt es noch zwei natürliche Höhlen in diesem Waldbereich. Zwischen den Kellern finden sich die Jakobs- und die Franzenshöhle. Einer Sage nach sollen hier einst skrupellose Räuber gehaust haben, die vorbeiziehende Kaufleute überfielen und hier genügend Platz hatten, um sich nach ihren Raubzügen zu verstecken und auf neue Kaufleute zu warten.

Adresse 96224 Burgkunstadt-Ebneth | **Anfahrt** A9, Ausfahrt Naila/Selbitz, B173, dann auf der B303 Richtung Kronach, auf der B303/B173 durch Kronach und Küps, in Hummenberg links in die Ebnether Straße und dem Verlauf folgen, am Ortsbeginn von Ebneth rechts in die Oberdorfstraße, nach wenigen Metern Wanderparkplatz auf der rechten Seite | **Öffnungszeiten** immer zugänglich | **Tipp** Der Pfersag-Wasserfall ist vom Wanderparkplatz aus beschildert und wird sogar mit den Niagarafällen verglichen.

11 Faber-Castell

Kunterbunte Kosmetik

Im Jahr 2011 konnte die Marktgemeinde Geroldsgrün ein großes Jubiläum feiern: Seit 150 Jahren hat das weltweit bekannte Unternehmen Faber-Castell in der kleinen Gemeinde ein weiteres Werk.

Alles begann mit Freiherr Lothar von Faber, der als Firmeninhaber bereits ein weltweites Verkaufsnetz seines Unternehmens aufgebaut hatte. 1861 gründete er im Frankenwald eine Fabrik zur Herstellung von Schiefertafeln. Das von ihm kurz vorher erworbene Bergwerk in Lotharheil lieferte den Schiefer, und somit konnte die Produktion sofort starten. Von Geroldsgrün aus wurden damals bereits Europa und Nordamerika beliefert. Fast alle Schüler dieser Welt haben ihre ersten Schreibversuche auf diesen erlesenen Produkten aus dem Frankenwald gemacht. Später kamen noch Rechen- und Zeichengerät hinzu, bis sich das Werk zu einem der größten Rechenstab-Werke entwickelte. Mit der Einführung des Taschenrechners verringerte sich die Nachfrage nach den Rechenschiebern, Faber-Castell begann nun mit der Produktion von kleinen Taschencomputern und fügte dem Sortiment Spitzmaschinen und Füller hinzu.

Mittlerweile hat sich das Werk in Geroldsgrün zum Kompetenzzentrum für Kunststoffprodukte in den Bereichen Schreib- und Zeichentechnik ausgeweitet. Aber auch die Kosmetikproduktion ist hier ansässig. Das Werksgebäude fällt bereits aus einiger Entfernung auf. Die verwendeten Farben Rot, Gelb und Blau machen es nicht nur farbenfroh, sondern weisen auch auf die Vielfalt der Buntstifte von Faber-Castell hin.

Nach wie vor ist das Unternehmen ein großer Wirtschaftsfaktor in der Region. Zudem ist Faber-Castell nicht nur der Namensgeber einer Schule, sondern unterstützt auch viele soziale Projekte in der Gegend. Und natürlich gibt es am hiesigen Standort auch einen Werksverkauf, in dem jeder Besucher eine bleibende Erinnerung an den Besuchstag mit nach Hause nehmen kann.

Adresse Faber-Castell-Straße 15, 95179 Geroldsgrün | Anfahrt A9, Ausfahrt Berg/Bad Steben, auf der B173 Richtung Kronach, in Naila rechts Richtung Bad Steben der Selbitztalstraße folgen, geradeaus bis Thierbach, kurz nach dem Ortseingang Richtung Bobengrün und weiter nach Geroldsgrün fahren, am Ende der Straße Goldberg links in die Faber-Castell-Straße abbiegen | Öffnungszeiten Werksverkauf Mo–Do 11–17 Uhr, Fr 9–15 Uhr | Tipp Ein Ausflug zur Frankenwarte nach Hirschberglein wird mit einem wunderschönen Ausblick weit über die Grenzen des Frankenwalds hinaus belohnt.

12 Die Humboldt-Höhle

Von Stalaktiten und Stalagmiten

Die einzige Tropfsteinhöhle im Frankenwald ist die Alexander-von-Humboldt-Höhle, die im Geroldsgrüner Forst liegt. Erstmals beschrieben wurde sie bereits 1797 von dem Lehrer und Heimatforscher Johann Theodor Benjamin Helfrecht, der in Hof geboren wurde. Als renommiertem Naturforscher wurde ihm auch der Titel des Magister Philosophiae zuteil. Sogar Alexander von Humboldt hat während seiner Wirkungszeit im Frankenwald die Höhle untersucht. Leider ging seine Beschreibung im Laufe der Jahre verloren. Der Nächste, der eine Darstellung über die Höhle verfasste, war der Oberbergrat und Honorarprofessor Carl Wilhelm von Gümbel im Jahr 1879.

Es handelt sich um ein größeres Höhlensystem, das eine Länge von etwa 400 Metern aufweist, etwa 30 Meter breit und drei Meter hoch ist. An seinem Ende befindet sich ein kleiner See, dessen Höhe – abhängig von den Jahreszeiten und den Witterungsverhältnissen – einen schwankenden Wasserspiegel aufweist. Die Entstehungsgeschichte unterscheidet sich von der der aus der Sächsischen Schweiz bekannten Tropfsteinhöhlen. Hier hat sich Wasser mit aus dem Kalkstein entstandenem neuem Kohlendioxid verbunden. Das hatte dann die fortschreitende Auflösung des Gesteins zur Folge.

Die Höhle wurde vom Bayerischen Landesamt für Umwelt als ein besonders wertvolles Geotop und Naturdenkmal ausgezeichnet.

Der Zugang zur Höhle ist leicht zu übersehen, da er sich in einem Trichter in dem abfallenden Hang befindet. Der Zutritt wurde vor einiger Zeit verboten, da es immer wieder zu Vandalismus kam. Stalaktiten und Stalagmiten wurden abgebrochen und die Gesteine gestohlen. Einzig die Fledermäuse dürfen hinein. Sie haben im Inneren ihre Behausung und finden ihren Aus- und Eingang in einem horizontalen Schlitz nahe der Höhle. Die Fledermäuse zählen zu den schützenswerten Tieren und werden ständig kontrolliert und überwacht.

Adresse Langenau, 95179 Geroldsgrün | Anfahrt A9, Ausfahrt Naila/Selbitz, auf der B173 Richtung Kronach, bis Straßdorf, weiter Richtung Geroldsgrün/Nordhalben, in Geroldsgrün links in die Frankenwaldstraße, geradeaus in die Langenau, vom Parkplatz dem Wanderweg DÖ94 folgen | Öffnungszeiten Betreten der Höhle untersagt | Tipp Ein Ausflug zum Kämmerleinsfelsen eröffnet eine wunderbare Aussicht auf die Welt des Frankenwaldes.

13 Der Sesselfelsen

Die alte Frau und der Wein

Eine arme Frau aus Geroldsgrün sammelte an einem heißen Tag Äste und Reisig. Ihr Heimweg führte bergauf am Burgstein vorbei und war anstrengend. Für eine kurze Verschnaufpause setzte sie sich auf einen kleinen Felsen. Den Korb mit der Ausbeute stellte sie neben sich ab. Durch ihre Arbeit in der sommerlichen Hitze war die Frau sehr durstig geworden. Sie dachte daran, dass die früheren Burgbewohner hier am Burgstein gewiss reichlich zu trinken gehabt hätten, während sie selbst in ihrem ganzen Leben noch nie Wein gekostet hatte. Und wie sie so dasaß und vor Müdigkeit fast einschlief, gab es plötzlich einen Donnerschlag. Sie schaute auf und sah neben sich einen kunstvollen Becher, der bis zum Rand mit Wein gefüllt war. Zuerst traute sie ihren Augen kaum, aber als eine Stimme sie aufforderte zu trinken, leerte sie den Kelch in einem Zug. Ihr Durst war nun gelöscht, sie stellte den Kelch wieder auf dem Felsen ab, nahm ihren Korb und machte sich auf den Heimweg. Kurze Zeit später rief ihr eine Stimme zu: »Vergiss das Beste nicht!«

Was damit gemeint war, wusste die alte Frau nicht, und sie erzählte ihr Erlebnis am Abend dem Pfarrer. Er riet ihr, noch mal an diesen Platz zu gehen. Und als sie dort ankam, stand der Becher immer noch da und war wieder mit Wein gefüllt. Sie trank ihn wieder leer, nahm ihn diesmal aber mit nach Hause und schenkte ihn dem Pfarrer. Als die Frau einige Zeit später wieder einmal an dem Felsen vorbeikam, rief ihr nach einem erneuten Donnerschlag eine gewaltige Stimme zu: »Hättest du nicht den Becher der Kirche vermacht, hätten wir dich umgebracht!«

Zur Erinnerung an dieses Erlebnis steht der Kelch heute noch in der Kirche in Geroldsgrün. Der Verweilfelsen, der sogenannte Sesselfelsen, existiert noch immer, und eine eigenartige Vertiefung weist wahrscheinlich auf den Standort des Kelches hin. Der bemooste Stein kann bestimmt viel erzählen!

Adresse Geroldsgrüner Forst, 95179 Geroldsgrün | **Anfahrt** A9, Ausfahrt Naila/Selbitz, auf der B173 Richtung Kronach, in Straßdorf Abfahrt nach Geroldsgrün nehmen, in Geroldsgrün links in die Frankenwaldstraße einbiegen, dieser bis in die Langenau folgen, dort zu Fuß auf dem Wanderweg DÖ94 weiter | **Öffnungszeiten** immer zugänglich | **Tipp** Auf der Schieferhalde oberhalb von Dürrenwaiderhammer lassen sich seltene Moose und Pflanzen bewundern.

14 Die Zwölf Apostel

Steine, die den Weg pflastern

Auf einer Länge von 13 Metern stehen in Langenbach zehn unbearbeitete Steine an einem Feldrain in einer geraden Reihe. Das ist an sich nichts Besonderes, aber diese »Zwölf Apostel« genannte Formation wirft viele Fragen auf.

Die Steine sind etwa 60 bis 90 Zentimeter groß und tief im Boden verankert. In der Verlängerung der Steinreihe in Richtung Obere Mühlleite trifft man nach 300 Metern auf drei weitere Steine, die quer zu den Zwölf Aposteln angeordnet sind. Es wird vermutet, dass es sich hierbei um eine besondere Anlage aus vorgeschichtlicher Zeit handelt. Dagegen spricht allerdings, dass der Frankenwald einst ein undurchdringlicher Urwald war, der keine Besiedlung erlaubte. Auch das Mittelalter soll nicht die Zeit der Aufstellung gewesen sein, da aus dieser Epoche keine Steinsetzungen bekannt sind.

Luftaufnahmen des bekannten Fliegers und Fotografen Klaus Leidorf beweisen, dass es rund um die zwölf Apostel zusätzlich eingesunkene Steinmauern gibt, die nur aus der Luft erkennbar sind. Die Tatsache, dass die zwölf Apostel in Verbindung mit Burgen, Kirchen, Kapellen und sogar Orten mit auffallenden Namen stehen, gibt außerdem Rätsel auf. Forscher haben bestimmte Punkte festgelegt und Messungen vorgenommen. Dabei fiel eine Messeinheit von 6,75 Metern auf.

Ein bis heute ungelöstes Geheimnis, das sich durch den Frankenwald bis in das Fichtelgebirge zieht. Oder kennt eine Sage den wahren Hintergrund? Demnach gerieten zwei benachbarte Bauern in einen heftigen Streit. Kurzerhand stellte einer der beiden nachts eine Steinreihe auf das Feld, um dem anderen die Durchfahrt unmöglich zu machen.

Auf jeden Fall handelt es sich bei den exakt in Nord-Süd-Richtung aufgestellten Steinen um einen interessanten Ort, der je nach Wetterlage sogar mystische Eindrücke hinterlässt. Nach den Steinen wurde auch ein herrlicher Wanderweg benannt.

Adresse Dürrenwaider Straße, 95179 Geroldsgrün-Langenbach | Anfahrt A9, Ausfahrt Berg/Bad Steben, Richtung Berg, durch Issigau, in Hölle links Richtung Lichtenberg, dort rechts Richtung Bad Steben, kurz vor Bad Steben links Richtung Carlsgrün und Langenbach, in Langenbach etwa 800 Meter der Hauptstraße folgen | Öffnungszeiten immer zugänglich | Tipp In Langesbühl bei Geroldsgrün gibt es eine Aussichtsplattform. Von hier kann der schöne Frankenwald bewundert werden.

15__Das Schloss Neuguttenberg

Guttenberg in Guttenberg

Wenn man den Namen Guttenberg hört, denkt man sofort an den Politiker Karl Theodor zu Guttenberg. Dass seine Familie mit der Gemeinde Guttenberg im Frankenwald zu tun hat, ist jedoch den wenigsten bekannt.

Das Pfarrdorf ist mit weniger als 500 Einwohnern die kleinste Gemeinde im Landkreis Kulmbach. Seine Entstehung ist eng mit dem Adelsgeschlecht der Guttenbergs verbunden. Erstmalige Erwähnung fand Guttenberg bereits 1148. 1315 baute sich Heinrich von Plassenburg hier eine Burg und übertrug den Namen des Ortes auf seine Nachkommen. Das Wappen der Gemeinde zeigt eine Rose, ebenso wie das der Herren von und zu Guttenberg. Das rote Tatzenkreuz weist auf die evangelische Pfarrkirche hin, in der sich auch die Grabstätten der Freiherren von Guttenberg, die vom 16. bis zum 18. Jahrhundert hier lebten, befinden.

Enoch Freiherr von und zu Guttenberg wurde 1946 in Guttenberg geboren. Enoch war der Sohn des Politikers Karl Theodor Freiherr von und zu Guttenberg, der als parlamentarischer Staatssekretär im Bundeskanzleramt tätig war und 1972 in Stadtsteinach verstarb. Enoch machte sich als Dirigent einen großen Namen und war zudem Intendant der Herrenchiemseer Festspiele, die alljährlich auf der Herreninsel im Chiemsee stattfinden. Seine beiden Söhne sind Karl Theodor und Philipp Franz. Karl Theodor, geboren 1971, war in der deutschen Politik aktiv, bis es ihn mit seiner Familie nach Amerika zog. Die Burg in Guttenberg ist für ihn jedoch immer noch sein deutsches Zuhause, wie sie es auch für seinen Vater war.

Sein Bruder Philipp Franz, geboren 1973, gründete die Freiherrlich von und zu Guttenberg'sche Privatstiftung, die das Schloss mit allem Inventar und auch die Forstbetriebe umfasst. Gleich zwei Gebäude im Ort weisen noch heute auf die Adelsfamilie hin.

Adresse Schlossallee 1, 95358 Guttenberg | **Anfahrt** A9, Ausfahrt Himmelkron, der B303 Richtung Stadtsteinach folgen, in Untersteinach links in die Guttenberger Straße und nach Guttenberg | **Öffnungszeiten** Privatbesitz, nur von außen zu besichtigen | **Tipp** Eine besondere Mariengrotte liegt in Enchenreuth in der Nähe der Kirche. Sie wurde 1982 erbaut, und dort finden immer wieder Andachten statt.

16 Die Bischofsmühle

Es klappert die Mühle am rauschenden Bach

Eine von mehreren Schneidemühlen, die sich oberhalb der Einmündung der Thiemitz an der Wilden Rodach befanden, ist die Bischofsmühle. Nach einer von Kaiser Karl V. im Jahr 1551 unterzeichneten Urkunde durften die Untertanen von Rodeck unweit ihres Dorfes mehrere Mühlen errichten. So entstanden die Schübelhammer-, die Löhmar-, die Rauschenhammer-, die Dorschen- und eben die Bischofsmühle. Der Name leitet sich von dem ersten Müller ab, der Lorenz Bischoff hieß. Nach Erteilung der Genehmigung wurde an der Stelle, an der sich bereits vorher eine Mühle befunden hatte, die Bischofsmühle gebaut. Hier besaß der Müller das Recht, Getreide zu mahlen, Holz zu schneiden und zu »pleuen« – das heißt, es durfte ein Schlaggang zum Ölpressen eingebaut werden.

Reste der vorherigen Mühle waren in der Mitte des 16. Jahrhunderts noch zu sehen. Im 17. Jahrhundert wurde die Mühle dann nach dem damaligen Besitzer vorübergehend auch »Schößelmühle« oder »Scheselmühle« genannt. In den Wirren des Dreißigjährigen Krieges hatte selbst dieses so abgelegene Gebäude erheblich zu leiden. So entstanden dem Müller zwischen 1632 und 1635 Schäden und Verluste an Tier, Kleidung, Hausrat und Werkzeug im Wert von mehr als 300 Gulden. In früheren Jahren konnte aufgrund des relativ niedrigen Wasserstandes der Wilden Rodach nicht selten nur zur Schneeschmelze Holz geschnitten werden. Von 1789 bis 1927 war die Bischofsmühle in der Hand der Müllerfamilie Hartenstein. Nach einem Brand im Jahr 1903 wurde das Haus erneut renoviert und 1927 an die jetzige Besitzerfamilie Strößner verkauft.

Seit 1964 steht die Mahlmühle bereits still, das kleine Sägewerk wurde allerdings noch etwas länger betrieben, jedoch nicht mehr mit Wasserkraft. Heute befindet sich in der Bischofsmühle ein ansprechendes, gemütliches Restaurant mit einem sehr ruhig gelegenen Biergarten und auch Übernachtungsmöglichkeiten.

Adresse Bischofsmühle 1, 95233 Helmbrechts | Anfahrt A9, Ausfahrt Naila/Selbitz, auf der B173 Richtung Kronach, nach etwa 16 Kilometern bei der Ausfahrt Schwarzenbach am Wald abfahren, durch Schwarzenbach und Schwarzenstein, bei der Sägemühle links dem Waldweg folgen | Öffnungszeiten Jan.–März Sa, So 8–21 Uhr, April–Dez. Do–So 8–21 Uhr | Tipp Von der Burgruine Rodeck, die bis 1525 an der Stelle stand, ist noch ein Wallgraben zu sehen. Einheimische haben die Steine der Burg für andere Bauten benutzt.

17 Der Floßteich

Stau am Bach

Eine wichtige Rolle für die Wirtschaft im Frankenwald spielte schon sehr früh die Holzverarbeitung. Die weit über Deutschland hinaus bekannten Frankenwaldtannen wurden hier geschlagen und über Wasserstraßen bis in die Niederlande gebracht. Auch die Wilde Rodach war ein wesentlicher Bestandteil dieses Transport- und Verkehrsnetzes. Damit eine Beförderung auch dann gewährleistet war, wenn die Wilde Rodach nicht gerade über den idealen Wasserstand verfügte, wurden Floßteiche geschaffen – Anlagen, in denen Wasser gestaut werden konnte, um stets für einen ausreichenden Wasserstand zu sorgen.

Ein Floßteich mit lehrreicher Geschichte ist heute noch in der Nähe der Bischofsmühle zu bewundern. Der Überlieferung nach wurde er bereits im Mittelalter auf Anordnung der Bamberger Bischöfe geschaffen. Die erste urkundliche Erwähnung geht auf das Jahr 1692 zurück, wobei der Teich Schätzungen zufolge mindestens 200 Jahre älter ist. Damals behalf man sich mit einer einfachen Holzkonstruktion für die Schleuse. Immer wieder nagte der Zahn der Zeit an den Hölzern, bis bei einer Restaurierung in den Jahren 1835 und 1836 Steine eingesetzt wurden, die einen besseren Halt ermöglichten.

Auch wenn die Flößerei im Laufe der Jahre an Wichtigkeit verlor, legte das Hofer Wasserwirtschaftsamt weiterhin Wert auf die Erhaltung und Funktion des Teiches als Erinnerung an vergangene Zeiten und begann 1999 mit einer erneuten Sanierung. Hierbei wurden historische Vorlagen genutzt, und alte Baumaterialien wie Kalk und Granit wurden zum Einsatz gebracht. Im Stellwerk installierte man hingegen moderne Technik. Das alte Betriebshäuschen konnte leider nicht gerettet werden und wurde durch ein neues Gebäude ersetzt, auf dem jedoch alte Holzverzierungen zu sehen sind.

Zahlreiche Wanderwege kreuzen den Platz, der sich wunderbar für eine Rast oder ein Picknick anbietet.

Adresse Bischofsmühle 1, 95233 Helmbrechts | **Anfahrt** A9, Ausfahrt Naila, auf der B173 Richtung Kronach, nach etwa 16 Kilometern Ausfahrt Schwarzenbach am Wald nehmen, durch Schwarzenbach und Schwarzenstein, bei der Sägemühle links Richtung Bischofsmühle dem befahrbaren Waldweg folgen | **Öffnungszeiten** immer zugänglich | **Tipp** In der Nähe von Pilmersreuth steht seit 1686 ein Grenzstein, der auf der einen Seite das Wappen des Hochstifts Bamberg und auf der anderen das der Markgrafschaft Bayreuth zeigt.

18 Das Textilmuseum

Der längste Schal der Welt

Helmbrechts hat Geschichte geschrieben – und zwar im Bereich der Textilherstellung. Anfang des 20. Jahrhunderts gab es in der Region bereits 3.000 Handweber, deren Produkte in die ganze Welt verkauft wurden. Im Laufe der Jahre wurden die Webstühle, die man durch Hand- und Fußarbeit antrieb, durch elektrische Maschinen ersetzt. Zudem wurden immer mehr Fabriken gebaut, was zu einem harten Wettbewerb führte. Die Verkaufszahlen der hiesigen Produkte gingen zurück, das Handwerk in der Region hatte seine Blütezeit überschritten.

Die Idee, ein Heimatmuseum mit vier Räumen in einem ehemaligen Fabrikantenhaus zu gründen, wurde bereits 1923 geboren. Der Frankenwaldverein und der Fabrikbesitzer Gustav Weiß – ein Fabrikant aus Helmbrechts – unterstützten das Projekt finanziell. Während der Kriegszeit wurden die Räumlichkeiten dann anderen Funktionen zugeführt, aber das Museum konnte 1956 wiedereröffnet werden. Damals schon nahm das Thema »Textilausstellung« viel Raum ein. Daneben gab es auch noch eine geologische Ausstellung, zudem wurden Werkzeug und Gegenstände des täglichen Gebrauchs sowie heimatkundliche Literatur gezeigt.

Im Jahr 1992 kam es zu einer Umgestaltung der Räume, und das Textilmuseum hielt Einzug. Bei den Ausstellungen liegt der Fokus auf der Entwicklungsgeschichte des Weberhandwerks und der mechanischen Weberei. Präsentiert werden auch Gegenstände der historischen Zunft und einzigartige Musterbücher. 1997 startete ein besonderes Projekt im Museum, mit dem Ziel, den längsten Schal der Welt zu weben. Es läuft bis heute. Jeder Besucher wird aufgefordert, sich daran zu beteiligen. Aktuell beträgt die Länge des Schals etwas mehr als 4.000 Meter. Das Museum ist immer noch daran interessiert, den Schal weiter wachsen zu lassen, obwohl er bereits im Guinnessbuch der Rekorde als längster Schal der Welt eingetragen ist.

Adresse Münchberger Straße 17, 95233 Helmbrechts | Anfahrt A9, Ausfahrt Münchberg-Süd, Richtung Helmbrechts, im Kreisverkehr 3. Ausfahrt nehmen, geradeaus in die Friedrich-Ebert-Straße, 2. Straße rechts, bis zum Ende der Friedrichstraße, dann rechts und die nächste wieder rechts | Öffnungszeiten Di–Fr 10–12 und 14–16 Uhr, Wochenende und Feiertage 10–16 Uhr | Tipp Auf die Tradition des Handwerks im Frankenwald weist ein kleines Weberhäuschen im unweit gelegenen Kleinschwarzenbach hin.

19 Hotel Villa Weiss

Das Hochzeitszimmer

Dieses wundervolle Haus, das vor einigen Jahren zu einem Hotel umgebaut wurde, hütet in einem Teil der Räumlichkeiten immer noch die Geschichte der Fabrikantenfamilie Weiss aus Helmbrechts beziehungsweise Leupoldsgrün.

Christoph Friedrich Weiss wurde 1817 in Leupoldsgrün geboren. Im Alter von neun Jahren ging er nach Hof, besuchte dort die Lateinschule, die er kurze Zeit später wieder verließ. Bald darauf begann er eine Lehre als kaufmännischer Angestellter und fand in Hamburg seine erste Anstellung. Nach einer mehr oder weniger erfolglosen Zeit kehrte er in seine alte Heimat zurück und verwirklichte sich hier seinen lang gehegten Traum, eine eigene Fabrik aufzubauen. 1843 gründete er die erste Weberei. Er lieferte sogar bis nach Übersee, wo seine Produkte sehr großen Absatz fanden. Im Laufe der Zeit wuchs sein Unternehmen zu einem stattlichen Betrieb heran.

Weiss erwarb schließlich ein kleines Anwesen, das bereits 1860 erwähnt wurde. Dieses baute er zu einem herrschaftlichen Gebäude um und schaffte damit ein Zuhause für sich und seine Familie sowie für seine Bediensteten. Sein Sohn und Nachfolger Eugen Weiss vergrößerte 20 Jahre später die Villa und passte sie seinen Anforderungen und den Wünschen seiner Frau an. Anfang des 20. Jahrhunderts wurde das Speisezimmer der Familie großflächig mit Holzvertäfelungen ausgeschmückt, und viele Motive, die an ferne Länder erinnerten, zierten den Raum zusätzlich. Als sein Sohn Gustav heiratete, übergab Eugen Weiss dem Brautpaar die Möbel als Hochzeitsgeschenk. Seither trägt das Zimmer den liebevollen Namen »Hochzeitszimmer«; es ist bis heute erhalten.

Bis zum Ende des 20. Jahrhunderts bewohnten die Nachkommen des Firmengründers die herrschaftliche Villa. In den Folgejahren wurden die einzelnen Etagen vermietet, und letztendlich wurde das gesamte Gebäude 2013 verkauft.

Adresse Luitpoldstraße 10, 95233 Helmbrechts, Tel. 09252/9613912, www.villa-weiss.de | **Anfahrt** A9, Ausfahrt Münchberg-Süd, Richtung Helmbrechts, im 1. Kreisverkehr geradeaus, im 2. Kreisverkehr 2. Ausfahrt nehmen, nach 200 Metern Hotel auf der linken Seite | **Öffnungszeiten** Infos und Kontakt siehe Website | **Tipp** Auf dem ehemaligen Firmengelände der Firma C. F. Weiss wurde Raum für künstlerische Aktivitäten geschaffen. In Helmbrechts finden auch immer wieder Konzerte oder Theaterstücke statt.

20 Der Bahnhof

Wo zwei Könige warteten

Die Eisenbahngeschichte beginnt für Hof 1836. Eifrige Bürger bildeten ein Eisenbahnkomitee und setzten sich für eine Bahnverbindung zwischen Sachsen und Bayern ein. In dieser Zeit gab es einen regen Handel zwischen den beiden Königreichen, und bisher mussten die Menschen die weiten Strecken zu Fuß oder per Kutsche bewältigen. Unter König Ludwig I. begann bereits zwei Jahre später der Bau der Eisenbahnstrecke. Am 1. November 1848 war es dann so weit: Die ersten Züge erreichten Hof.

Der alte Bahnhof, der am heutigen Postplatz erbaut worden war, gelangte jedoch bald an seine Grenzen. Schon nach kurzer Zeit waren die vier angelegten Gleise nicht mehr ausreichend für den schnell zunehmenden Bahnverkehr, und ein Ausbau der Gleisanlage war an dieser Stelle nicht so einfach realisierbar. Deswegen fiel der Entschluss, einen neuen Bahnhof außerhalb der Stadt auf freiem Feld zu errichten. Der Bahnhof wurde 1880 im Glanz der Belle Époque entworfen, weswegen er heute noch sehr beeindruckend ist. Auch in der Anlage der Gebäudeteile stellt er etwas Besonderes dar: Von Anfang an wurde nämlich alles in zweifacher Ausführung erbaut, es gab zwei Verkaufsstellen, zwei Lagerhallen und zwei Wartesäle mit reichhaltigen Verzierungen.

Vor allem die Entstehung der Wartesäle ist interessant. Dem bayerischen König war es wichtig, dass seine Landsleute, wenn sie sich längere Zeit am Bahnhof aufhalten mussten, ein angenehmes Ambiente um sich hatten. Deshalb ließ er einen Wartesaal errichten, der besonders prunkvoll ausgestattet wurde. Der sächsische König sah dem jedoch nicht tatenlos zu. Schnell wurde ein zweiter, mindestens genauso prunkvoller Wartesaal erbaut, der nur den sächsischen Reisenden vorbehalten war.

In der Eingangshalle ist oben an der nördlichen Seite nach wie vor das sächsische Wappen, an der südlichen Seite hingegen das bayerische Wappen zu sehen.

Adresse Bahnhofsplatz 1B, 95028 Hof | Anfahrt A72, Ausfahrt Hof/Töpen, auf der B2 nach Hof, entlang der Schleizer Straße und der Lessingstraße, bei der Post links in die Poststraße abbiegen, dann links in die Kreuzsteinstraße, 2. Straße links in die Marienstraße, nach 550 Metern links in die Bahnhofstraße und bis zum Bahnhofsplatz | Öffnungszeiten tagsüber zugänglich | Tipp Als Zeuge der Bismarck-Verehrung während des Kaiserreichs verfügt auch Hof über einen Bismarckturm.

21 Der Botanische Garten

Pflanzenunterricht im Freien

Um den Hofer Schülern einen etwas anschaulicheren Naturkundeunterricht bieten zu können, hatte bereits 1891 ein Lehrer die Idee, einen Garten zu gestalten. Der Gedanke fand jedoch bei dem damaligen Schulleiter keine Unterstützung. Auch der 1920 vom Lehrerrat der Hofecker Schule angeregte »biologische Schulgarten für die Hofer Schulen« kam nicht zur Ausführung. Dann gab es eine neue Lehrerordnung, und plötzlich kam wieder Bewegung in das Schulgartenprojekt, da nun auch der Schulleiter auf die Umsetzung drängte. Die Stadt kaufte ein 1,88 Hektar großes Grundstück am Theresienstein, und schnell wurde mit der Anlage eines Teiches und den gärtnerischen Arbeiten begonnen. Es entstanden ein Schulgarten, ein Arzneikräutergarten und ein Rosarium. Am 1. April 1929 konnte die Anlage eröffnet werden.

Im Laufe der Jahre und unter dem Einfluss des damaligen Stadtgärtners wurde aus dem Gelände ein Botanischer Garten. Während des Zweiten Weltkrieges wurde er nur noch für den Anbau von Gemüse genutzt, die Sträucher und Blumen verwilderten. Dank des Engagements der Gärtner wurde der Garten in mühevoller Arbeit später wieder neu bepflanzt und gepflegt. 1994 stellte er sogar einen Teil der Bayerischen Landesgartenschau dar.

Heute lässt sich das Areal in zwei große Bereiche unterteilen. Unterschiedliche Rosenarten bilden das Rosarium, und im landschaftlich gestalteten Bereich befindet sich ein Seerosenteich mit weitläufigen Prachtstauden. 2004 wurde ein Beet mit den Pflanzen, die Hildegard von Bingen benutzt und empfohlen hat, im Heilpflanzengarten angelegt.

Jedes Jahr am letzten Sonntag im Juni findet das Rosenfest statt. Die Besucher kommen aus nah und fern und erfreuen sich an den künstlerischen Darbietungen unter freiem Himmel. Kindern wird ein spezielles Programm geboten, und die erfrischende Rosenbowle ist ein Geheimtipp für Erwachsene.

Adresse Alte Plauener Straße 16, 95028 Hof | Anfahrt A72, Ausfahrt Hof/Töpen, auf der B2 nach Hof, nach 5 Kilometern links in die Plauener Straße, Parkplätze nach etwa 800 Metern | Öffnungszeiten täglich 8–24 Uhr | Tipp Ein Spaziergang im schönen Saaletal führt zu Hofs grüner Oase, den Saale-Auen.

22 Die Brauerei Meinel

Hopfenkaltschale auf Fränkisch

Die Tradition des Bierbrauens kann in Hof auf eine sehr lange Geschichte zurückblicken, und man könnte meinen, in Hof wurde das Biertrinken erfunden.

Bereits im Jahr 1319, als Hof die Stadtprivilegien erhielt, wurde der Stadt offiziell auch das Braurecht zugesprochen. Ab dieser Zeit stand das Brauen auf einer rechtlichen Grundlage. In den Hochzeiten verfügte Hof über 13 große Brauereien und eine Vielzahl an kleinen Herstellern, die privat geführt wurden. Aber bereits in den 1970er Jahren begann das Brauereisterben und setzte sich bis Anfang der 2000er Jahre fort. Viele Betriebe wurden von Aktienbrauereien übernommen und aus Gründen der Rationalisierung geschlossen, teilweise sogar abgerissen.

Eine private Brauerei hat aber überlebt. Der Betrieb der Familie Meinel ist als die letzte private Brauerei immer noch in Hof zu Hause. Laut den Aufzeichnungen des Stadtmagistrates von 1731 wurde das Braurecht an Johann Meinel den Älteren übergeben. Er gilt somit als der Begründer des Familienunternehmens, das er gemeinsam mit seiner Frau, die zu einer populären Wirtin wurde, aufbaute. Sein Sohn ließ 1750 Felsenkeller in das Gestein des ehemaligen Steinbruchs treiben, und somit waren alle Voraussetzungen, das Braurecht ernsthaft zu nutzen, gegeben.

Bis heute ist die Familie Meinel der Tradition treu geblieben. Jedoch gab es in jüngster Zeit eine Veränderung: Erstmalig übernahm eine Frau das Ruder in der Familie. Unter ihrer Fahne wurden die Brauerei und die Gastwirtschaft modernisiert und neue Bierspezialitäten eingeführt. Zudem wurde eine neue Destillationsapparatur angeschafft, um das Sortiment um Kräuterliköre und andere Spirituosen zu erweitern. Als Nachfolgerinnen stehen schon die beiden Töchter Moni und Gisi bereit. Sie sind seit einigen Jahren sehr engagiert dabei, mit der Braukunst neue Wege zu gehen und den Betrieb erfolgreich in die Zukunft zu führen.

Adresse Absolviagasse 1, 95028 Hof, Tel. 09281/3514, www.meinel-braeu.de | Anfahrt A72, Ausfahrt Hof/Töpen, auf der B2 nach Hof, links in die Schleizer Straße, nach 60 Metern links in die Absolviagasse | Öffnungszeiten täglich 8–18 Uhr | Tipp Sehenswert und eine besondere Attraktion für Motorradfans ist das Motorradmuseum in Regnitzlosau.

23 Das Schlappentag-Wahrzeichen

Wie die Hussiten die Hofer zum Feiern brachten

Das Schlappenfest in Hof, das jedes Jahr an Pfingsten gefeiert wird, geht auf ein geschichtliches Ereignis zurück. Zudem weist eine Skulptur als besonderes Wahrzeichen auf die Begebenheit hin.

Im 15. Jahrhundert wurde Hof von den aus Böhmen stammenden Hussiten überfallen und nach einem furchtbaren Gemetzel verwüstet hinterlassen. Um so einem Überfall zukünftig besser gewachsen zu sein, gründeten die Hofer damals eine eigene Wehr und forderten die Bürger dazu auf, in diese einzutreten. Als Belohnung wurden den Teilnehmern Steuererleichterungen versprochen.

Am Wahrzeichen kann die Entstehungsgeschichte der Wehr nachvollzogen werden. Zunächst waren da die an der Spitze dargestellten Handwerker, die sich zu Schützen ausbilden ließen und sich mindestens einmal pro Jahr an einer Schießübung beteiligen mussten. Der letztmögliche Termin der Übung war der Montag nach Trinitatis. Viele der neuen Schützen ließen die Zeit gern verstreichen und mussten somit den letztmöglichen Termin an besagtem Montag wahrnehmen. Eilends verließen sie ihre Felder und Arbeitsstätten und rannten mit ihren Schlappen, zu jener Zeit häufig getragenen Holzschuhen, zum Schießhaus. Auf diese Manöver soll die Zielscheibe am Fundament des Denkmals hinweisen.

Das Schlappenfest beginnt am Pfingstsonntag mit einem Wettschießen durch die »Privilegierte Scheiben-Schützen-Gesellschaft 1432 e. V.«. Hierzu werden Gäste eingeladen, und der Sieger darf zur Belohnung ein Jahr lang umsonst auf den öffentlichen Parkplätzen der Stadt parken. Am Montag danach versammeln sich die Bürger am Rathaus, von hier aus führt der Festzug durch die Innenstadt zum Schützenhaus. Nachdem das erste Fass mit dem extra gebrauten Schlappenbier angestochen wurde, beginnen die Festlichkeiten, die sich oft bis tief in die Nacht ziehen.

Adresse Schießgraben 2, 95028 Hof | **Anfahrt** A72, Ausfahrt Hof/Töpen, auf der B2 nach Hof, nach 7,2 Kilometern rechts auf den Parkplatz abbiegen | **Öffnungszeiten** immer zugänglich | **Tipp** In der Nähe befindet sich das Museum Bayerisches Vogtland mit umfangreichen Ausstellungen zur Stadt- und Regionalgeschichte.

24 Das Tor zur Freiheit

Vom Balkon der Botschaft

Bereits in der Zeit nach dem Mauerbau war Hof eine bayerische Stadt von großer Bedeutung. Im Norden des Freistaates wurde der Slogan geprägt: »Hof, in Bayern ganz oben!« Zur Grenze zur DDR war es nicht allzu weit, und Hof wurde dadurch sehr bekannt.

In früheren Zeiten hatte ein reger Warenaustausch von Hof nach Plauen über Leipzig bis nach Dresden und zurück geherrscht. Dann kam der Kalte Krieg, und der Hofer Bahnhof, der den Abschluss der Strecke in Bayern bildete, wurde von den Zollbeamten und der Grenzpolizei genutzt, um die Touristen zu kontrollieren und auch die Warentransporte zu überprüfen.

1989 fiel die Mauer. Sowohl DDR-Bürger als auch Westdeutsche fuhren nun hin und her, um zu sehen, wie es auf der jeweils anderen Seite zuging. Hof wurde damals förmlich überrannt, und die zuvor eher ruhige Stadt war plötzlich voller Menschen, die es in die Innenstadt zog. Die Supermärkte kamen mit den Nachlieferungen oft nicht mehr hinterher, und es gab Zeiten, da waren sämtliche Elektrogeräte ausverkauft. Der Bahnhof wurde damals zu einem der größten Dreh- und Angelpunkte. Als Außenminister Genscher in der Prager Botschaft verkündete, dass ab sofort alle DDR-Bürger die Möglichkeit hätten, in den Westen auszureisen, begann der Aufbruch Tausender Menschen. Am 1. Oktober 1989 traf um 6:14 Uhr der erste Zug aus Prag in Hof ein. Die Bevölkerung drängte sich an den Gleisen, bei der Begrüßung kam es zu sehr emotionalen Szenen.

Heute erinnert ein Denkmal kurz vor dem Ausgang des Bahnhofs an diese Zeit der Grenzöffnung, in der Hof als Tor zur Freiheit in die Geschichte einging. Die Stadt erlebte auch in der Folgezeit einen enormen Zustrom an ehemaligen DDR-Bürgern, für die sie eigentlich immer ganz nah, aber dennoch unerreichbar gewesen war. In der Zeit der Wiedervereinigung Deutschlands war Hof tatsächlich »ganz oben« dabei.

Adresse Bahnhofsplatz 1B, 95028 Hof | Anfahrt A72, Ausfahrt Hof/Töpen, auf der B2 nach Hof, entlang der Schleizer Straße und der Lessingstraße, bei der Post links in die Poststraße abbiegen, dann in die Kreuzsteinstraße, 2. Straße links in die Marienstraße, nach 550 Metern wieder links in die Bahnhofstraße und bis zum Bahnhofsplatz | Öffnungszeiten tagsüber zugänglich | Tipp Die Luftbrücke, auch Luftsteg genannt, ist eine 200 Meter lange Schrägseilbrücke, die besonders bei Nacht ein echter Hingucker ist.

25 Der Wärschtlamo

Der sollte in Hof niemandem wurst sein

Eine absolute Besonderheit und weit über die Grenzen Bayerns hinaus bekannt ist der Hofer »Wärschtlamo«. Übersetzt ist das ein Mann (Mo), der in der Hofer Innenstadt zu sehen ist und Würstchen (Wärschtla) verkauft. Der Beruf des »Wärschtlamos« blickt in Hof auf eine sehr lange Tradition zurück und wird oft innerhalb einer Familie von Generation zu Generation weitervererbt.

Sein Ursprung geht auf das Jahr 1881 zurück. Ein ortsansässiger Metzger kam damals auf die Idee, nicht den Kunden zur Wurst zu holen, sondern die Wurst zum Kunden zu bringen. Kurzerhand nahm er einen kohlebeheizten Messingkessel und schickte einen Mitarbeiter in Fabriken und Schulen, um dort Würstchen zu verkaufen. Dieser kündigte sich immer mit einem lauten Pfiff an und rief: »Haaß sensa, kold wernsa!« Die Anzahl der Wärschtlamänner wuchs zusehends, und sie erweiterten ihr Verkaufsgebiet bis in die Innenstadt von Hof. Während der beiden Weltkriege gab es jeweils eine Flaute, die in Friedenszeiten sofort wieder verging.

Heute sind die Wärschtlamänner und -frauen noch immer in der Hofer Innenstadt anzutreffen. Jedoch laufen sie nicht mehr von Haus zu Haus, sondern haben ihre festen Standplätze. So sind sie vor den Eingängen von Geschäften, unter großen Schirmen, unter Überdachungen und an Straßenecken verteilt in der Fußgängerzone zu finden. Aber noch immer tragen sie einen mit Holzkohle beheizbaren Messingkessel, in dem die Würste warm gehalten werden, mit sich herum, haben in einem Körbchen Semmeln und verkaufen »Wienerla«, »Gnagger«, »Bauern« oder »Weisa«, je nach Geschmack mit oder ohne Senf. Oftmals sind sie auch bei Veranstaltungen oder Messen anwesend.

Da der Hofer Wärschlamo der Stadt ein besonderes Alleinstellungsmerkmal bietet, wurde ihm 1954 am Sonnenplatz in der Nähe der Altstadt ein Denkmal gesetzt, das für alle Zeiten an diese einmalige Institution erinnern soll.

Adresse Altstadt, 95028 Hof | Anfahrt A72, Ausfahrt Hof/Töpen, auf der B2 nach Hof, nach 6 Kilometern rechts in die Poststraße, an deren Ende Parkmöglichkeiten, dann Poststraße zurücklaufen, nach 350 Metern rechts in die Altstadt, Denkmal am Ende der Fußgängerzone | Öffnungszeiten tagsüber zugänglich | Tipp Zu den besonderen Sehenswürdigkeiten von Hof zählt das Biedermeierviertel, das rund um das Rathaus entstanden ist und mit wundervollen Bauten aufwartet.

26 Der Weisheitstempel

Griechenland in Hof?

Eines der schönsten Beispiele der Stimmungsarchitektur im Hofer Theresienstein stellt der zierliche Weisheitstempel dar. Mit seiner achteckigen Form verkörpert er das Ideal eines Tempels. Kleine Stufen, die von je zwei dorischen Säulen flankiert werden, führen zum Eingang empor. Das bauchige Kupferblechdach schützt den Bau von oben. Leider ist die Annahme, dass der Tempel nach der Weisheit benannt wurde, falsch. Die edlen Stifter, die Gebrüder Carl, Jean und Georg Weisheit, sind die Namensgeber des Tempels. Ihr Anliegen war es, ihrem Vater Heinrich Weisheit ein dauerhaftes Andenken zu widmen. Zudem diente der Pavillon auf der bayerischen Landesschau 1906 in Nürnberg als Präsentationsobjekt. Ursprünglich soll der heute rein weiß gestrichene Tempel als bunte Muschelkalk-Imitation gestaltet worden sein.

Heinrich Weisheit kam aus der Nähe von Kulmbach, machte sich in Hof als erfolgreicher und fleißiger Arbeiter einen Namen und wurde zum »Königlich Bayerischen Bahnmeister« ernannt. Er wurde schnell zu einem angesehenen Mitglied des gehobenen Bürgertums. Am 3. November 1888 wurde anlässlich seines 40. Dienstjubiläums eine Feier im Bahnhof ausgerichtet. Heinrich verließ das Fest gegen 23 Uhr, da er sich nicht wohlfühlte. Auf dem Nachhauseweg brach er zusammen und verstarb am 4. November 1888, ohne das Bewusstsein wiedererlangt zu haben. Unmittelbar neben dem Weisheitstempel wurden fünf Eschen sowie fünf Basaltsäulen aufgestellt, die als ein »Ort der Kraft« ausgewiesen sind. Zudem wurde der Ort durch ein geheimnisvolles Steinkreuz gekennzeichnet, das in etwa 50 Metern Entfernung steht.

Der Theresiensteinpark in Hof ist einer der schönsten Parks Deutschlands. Benannt wurde diese Anlage nach der Frau von König Ludwig I. von Bayern, Königin Therese, die im August 1836 in Hof zu Gast war. Ein Ort der Ruhe, an dem man Energie tanken oder einfach nur entspannen kann.

Adresse Theresienstein 1, 95028 Hof | Anfahrt A93, Ausfahrt Hof-Ost, auf der B173 nach Hof, nach 4 Kilometern Parkplatz am Zoo nutzen, zu Fuß links in die alte Plauener Straße gehen, nach 220 Metern rechts, nach 240 Metern links, nach 70 Metern links halten | Öffnungszeiten immer zugänglich | Tipp Der Kletterpark am Untreusee lädt zu spannenden Kletterpartien ein.

27 Der Zoologische Garten

Savanne und Parkanlage

Bereits 1954 wurde der Zoo eröffnet, und knapp 40 Jahre später, anlässlich der Landesgartenschau in Hof 1994, erfuhr er eine Vergrößerung. Insgesamt findet sich hier auf einer Fläche von zwei Hektar eine Fülle von interessanten Tieren.

Schon allein weil er über das größte Savannenhaus in Europa verfügt, stellt der Zoo eine Besonderheit dar. In dieser Abteilung erleben die Besucher Kleintiere aus den europäischen, australischen, südamerikanischen und afrikanischen Savannen, denen hier ein adäquater Lebensraum geboten wird. In Oberfrankens größter Australienvoliere leben über 350 Vogelarten aus den Gattungen der Sittiche und Papageien, die dort wie in ihrem natürlichen Umfeld versorgt werden. Jeden Tag werden Tierpflegergespräche abgehalten. Hierbei können die Besucher einen intensiven Eindruck von den unterschiedlichen Lebewesen und ihren verschiedenen Lebensräumen bekommen.

In diesem Zoo werden Tiere nicht nur ausgestellt. Bei genauerem Hinsehen erkennt man, wie wichtig es den Verantwortlichen ist, die Lebewesen in einem naturähnlichen Umfeld zu halten, zu pflegen und zu schützen. Zum Beispiel werden hier verletzte Störche versorgt, die nicht mehr fliegen können und in der freien Natur nicht überleben würden. Es wird sich darum gekümmert, dass der Nachwuchs gesund heranwächst, um ihn wieder in die Freiheit entlassen zu können. Auch bei anderen Arten wird ähnlich verfahren, sodass Tiere, die bereits vom Aussterben bedroht waren, heute in einer größeren Population wieder in die Natur zurückkehren dürfen.

Das große Aquarium verfügt über ein geniales ökologisches Versorgungssystem, in dem die Ausscheidungen der Tiere in den natürlichen Kreislauf der Natur zurückgebracht werden. Für Kinder wurde extra ein kleiner Streichelzoo eingerichtet. Hier können die Kleinen den zahmen Tieren ganz nahe kommen und sie füttern, zudem wurde ein Spielplatz mit einem Rutschenhaus geschaffen.

Adresse Alte Plauener Straße 40, 95028 Hof, Tel. 09281/85429, www.zoo-hof.de | Anfahrt A93, Ausfahrt Hof-Ost, auf der B173 nach Hof, nach 4 Kilometern den Parkplatz am Zoo nutzen | Öffnungszeiten täglich 9–18 Uhr | Tipp Wer sich gern in die Irre führen lässt, hat seinen Spaß im Labyrinth am Bürgerpark.

28 Der Wiedeturm

Ausblick aufs Papier

Die ehemalige Papierfabrik des Herrn Wiede befindet sich in Thüringen, das Monument, das an den Begründer erinnert, wurde jedoch im Frankenwald erstellt.

Ein völlig abgebranntes Holzwerk bildete den Grundstein für die Holzstoff- und Papierfabrik. Der aus Sachsen stammende Kohlenwerksbesitzer Gotthelf Anton Wiede reiste zu der Brandstelle und erkannte schnell, dass es sich lohnte, das Areal zu kaufen und dort eine Fabrik aufzubauen. Gesagt, getan. 1881 erwarb er das Grundstück, auf dem man die Wasserkraft nutzen konnte, und errichtete eine Papierfabrik. In den ersten Jahren war es sehr aufwendig, die Produkte zu den Käufern zu bringen. Pferdefuhrwerke, die sich einen Weg durch die wilde Natur bahnen mussten, waren die einzige Möglichkeit. Als ob Herr Wiede es geahnt hätte, wurde ein paar Jahre nach der Fertigstellung der Fabrik die Bahnlinie Blankenstein–Triptis gebaut, und kurz danach entstand die Höllentalbahn. Das gab dem Unternehmen weiteren Aufschwung. Die Erfolgsgeschichte setzte sich fort, bis die Fabrik schließlich 1993 geschlossen wurde, da es keine Nachfolger gab. Teile des alten Gebäudes sind heute noch zu sehen.

Den besten Blick darauf hat man, wenn man auf den vom Frankenwaldverein verwalteten Wiedeturm steigt. Diesen ließ Wiede 1903 anlässlich des 20-jährigen Betriebsjubiläums zur Bewunderung der Werkanlagen und des Umlandes erbauen. Der Turm steht auf dem Wolfenstein zwischen Lichtenberg und Issigau und ist seit Langem ein beliebtes Wanderziel. Ein besonderer Reiz geht von ihm aus. Er wurde aus Natursteinen geschaffen und hat im unteren Bereich eine Mauerstärke von 90 Zentimetern. Die Aussichtsplattform befindet sich auf 15 Meter Höhe, und bis zur Spitze misst der Turm 18,55 Meter. Beim Aufstieg muss man 75 Stufen erklimmen. Oben angekommen, eröffnet sich ein sagenhafter Ausblick auf die Umgebung.

Adresse Wolfstein, 95188 Issigau | **Anfahrt** A9, Ausfahrt Berg/Bad Steben, Richtung Berg, von der Hofer Straße rechts in die Hirschberger Straße, 1. Straße links, Ina-Straße, 9,7 Kilometer bis Blankenstein, Wanderstützpunkt Blankenstein-Selbitzplatz, dem Wanderweg 1,5 Kilometer folgen | **Öffnungszeiten** aktuelle Informationen beim Frankenwaldverein unter Tel. 09282/646 | **Tipp** Eine sehenswerte alte Brücke ist die Eisenbahnbrücke im Höllental.

29 Der Lehrpfad

Wo man beim Laufen lernen kann

Ausgrabungen auf dem Turmberg im Pfarrwald waren der Grund, weshalb heimatkundlich interessierte Menschen schon vor etwa 100 Jahren hierherreisten. Sie wollten die Forschungsergebnisse mit eigenen Augen sehen. Unter ihnen waren auch etliche Lehrer. Sie machten sich daran, erläuternde Tafeln an den Ausgrabungsstätten anzubringen. Zugleich wurde die Idee geboren, rings um Kasendorf einen »Naturpfad« entstehen zu lassen. Kasendorf war der ideale Ort dafür, da sich in der Gegend eine Fülle landschaftlicher Schönheiten und naturkundlicher Besonderheiten sowie ein enormer Reichtum an vorgeschichtlichen Bauwerken fanden. Somit waren die gestellten Anforderungen für den Pfad erfüllt.

Damit auch weniger leistungsfähige Menschen den Weg bewältigen konnten, wurde er in vier Abschnitte eingeteilt, die jeweils mit Kasendorf verbunden waren, sodass die Wanderung jederzeit abgebrochen werden konnte. Die Verwirklichung zog sich in die Länge, schließlich musste man die Strecke in allen vier Jahreszeiten beobachten.

1936 war der erste Abschnitt fertig. Fritz Hornschuch (1874–1955) wurde als Namensgeber erkoren, da er das Projekt finanziell unterstützte. Hornschuch war ein Unternehmer, der aus Kulmbach stammte, wo er eine Spinnerei besaß. Er war ein Mensch mit großem sozialen Engagement, in Kulmbach wurde sogar ein Platz nach ihm benannt. Kurz nach der Eröffnung am 31. August 1936 lockte der Pfad wegen seiner landschaftlichen Schönheit bereits Hunderte von Naturfreunden an.

Die Jahre gingen natürlich nicht spurlos an dem Naturpfad vorüber. Die Landschaft hat sich durch die Bewaldung verändert und unter der Bebauung gelitten. Der immer noch aus vier Teilen bestehende Pfad ist aber heute noch genauso informativ und erlebenswert wie nach seiner Entstehung. Die geschichtlichen Rückblicke sind inzwischen sogar noch ausführlicher geworden.

Adresse 85359 Kasendorf | **Anfahrt** A70, Ausfahrt Thurnau-West, Richtung Thurnau, der Kasendorfer Straße folgen, am Ende der Thurnauer Straße in Kasendorf rechts abbiegen, Wanderparkplatz nach 1 Kilometer links | **Öffnungszeiten** immer zugänglich | **Tipp** Im Pfarrwald befindet sich ein Hügelgräberfeld mit circa 60 noch sichtbaren Grabhügeln.

30 Die Grubenkirche

Oben oder unten?

Die Kirche St. Johannis in Azendorf gehört nicht nur zu den ältesten Kirchen in der Region, sondern besticht auch durch eine Besonderheit: Sie ist eine Grubenkirche. Kirchen dieser Art gibt es ganz selten, und wie der Name bereits sagt, wurden diese Gebäude eher nach unten, also grubenwärts, gebaut. Beim Betreten erreicht man demzufolge erst die Empore und geht dann über eine Treppe in das tiefer liegende Kirchenschiff.

Bereits um 1700 gab es die ersten Erwähnungen, die darauf hinwiesen, dass die Kirche »vor uralten Zeiten« gebaut wurde. Leider existieren keine weiteren zuverlässigen Aufzeichnungen. Nur wenige Hinweise lassen das exakte Baujahr erahnen: Ein Steinmetzzeichen ist auf 1150 datiert, und in einer Glocke befindet sich eine Inschrift mit der römischen Jahreszahl MCCCCLXV (1465).

1556 ließ der Bamberger Bischof Veit alle Pfarrakten nach Bamberg bringen. Er nutzte die Gelegenheit, da das regierende Rittergeschlecht der Förtsche vor dem Aussterben stand und er die Kirche für sich einnehmen wollte. Bei Nachforschungen zu den Akten berief sich Bamberg auf einen Brand von 1626, bei dem alle Akten verloren gegangen sein sollen.

In Azendorf kam es schon seit alters her immer wieder zu Auseinandersetzungen zwischen den beiden Kirchen. Es begann 1545, als die Bewohner mit einem Aufstand darauf drängten, nach evangelischen Riten betreut zu werden. Zum Problem wurde die Lage Azendorfs, da der Ort genau auf der Grenze zwischen dem katholischen Bistum Bamberg und dem Gebiet der Herren von Thurnau lag, die Luther verehrten. Jede Seite wollte die führende Religion darstellen, jeder wollte die Leitung übernehmen. Es kam zu zahlreichen Brandanschlägen, Aufständen und Unterdrückungen. Azendorf wird heute noch überwiegend von evangelischen Gläubigen bewohnt, aber die kirchlichen Differenzen haben bisher noch kein Ende genommen.

Adresse 95359 Kasendorf-Azendorf | Anfahrt A70, Ausfahrt Schiradorf, 2 Kilometer auf der St2189 Richtung Welschenkahl, links auf die St2190 abbiegen, in Azendorf 3. Straße links und dem Straßenverlauf folgen | Öffnungszeiten täglich 8.30–19 Uhr | Tipp Sehenswert ist das Naturdenkmal »Große Linde« nördlich von Azendorf.

31 Der Kreuzstein

Wieso so kopflos?

An der alten Straße von Kasendorf über den Berg nach Azendorf steht ein Kreuzstein. Überlieferungen zufolge war diese Sandsteinsäule ehemals achteckig und etwa 65 Zentimeter hoch. In dem kleinen Kreuz ist die Jahreszahl 1850 zu erkennen. Man kann davon ausgehen, dass es sich dabei jedoch nur um das Jahr der Fertigung und Aufstellung handelt.

Geht man um Mitternacht an dieser Stelle vorbei, soll man einem Mann ohne Kopf begegnen oder einen Sarg dort stehen sehen. Einheimische scheuen sich, diese Stelle nachts zu passieren.

Vor ein paar Jahrhunderten soll hier ein alter Schäfer umgebracht worden sein. Er hatte viel Geld dabei, da er all seine Schafe verkauft hatte, um sich zur Ruhe zu setzen. Auf seinem Nachhauseweg machte er halt in einem Wirtshaus und traf auf seine Zechkumpel. Seine dicke Geldtasche konnte jeder sehen. Als der neue Tag hereinbrach, fand man den alten Mann tot am Wegesrand. In seiner Tasche hatte er nur noch so viel Geld, dass seine Beerdigung bezahlt werden konnte. Um den Mörder aufzuspüren, mussten sich alle Wirtshausbesucher am Tatort einfinden und ihre Unschuld beschwören. Aber die Suche blieb erfolglos. Die Kinder des Wirtes hatten jedoch einen unbekannten Gast beobachtet, der sich nach dem Zechen unbemerkt davongeschlichen hatte.

Eines Tages arbeitete dieser Mann in seiner Scheune, und plötzlich fiel eine scharfe Sense herab, die ihm den Kopf abtrennte. Die Kinder erkannten in ihm den Mann, der am Abend in der Wirtschaft gewesen war, und bei Nachforschungen konnte die Polizei feststellen, dass es sich bei ihm um den Mörder handelte. Die Zechkumpane des ermordeten Schäfers stellten am Tatort ein Gedenkkreuz auf. Und seit diesem Tag findet der Geist des Mörders keine Ruhe. Ihn treibt es umher, und er sucht immer noch seinen verschollenen Kopf. Nächtliche Spaziergänger sollen schon des Öfteren auf ihn gestoßen sein.

Adresse 95359 Kasendorf-Azendorf | Anfahrt A70, Ausfahrt Schiradorf, auf der St2189 Richtung Welchenkahl bis Azendorf, links auf die St2190 abbiegen, nach etwa 200 Metern rechts Richtung Kasendorf (alte Straße nach Kasendorf), Kreuz nach 150 Metern links | Öffnungszeiten immer zugänglich | Tipp Ein eindrucksvoller Blick in das Umland bietet sich vom 110 Meter hohen Magnusturm in Kasendorf.

32 Die umgekehrte Eistüte

Einmal im Mittelpunkt stehen

Jules Vernes Roman »Reise zum Mittelpunkt der Erde«, der bereits zweimal verfilmt wurde, zeigt die Strapazen und Gefahren so einer Reise. Es war eine abenteuerliche und mühevolle, aber auch sehr spannende Unternehmung. Eine Reise zum Mittelpunkt Oberfrankens ist sicherlich genauso spannend, aber bei Weitem nicht so gefährlich und beschwerlich. Hierfür reicht es, in die Nähe von Kasendorf zu fahren und den gekennzeichneten Ort aufzusuchen.

2006 rief die Initiative »Oberfranken Offensiv« auf, den geografischen Mittelpunkt Oberfrankens zu bestimmen. An dem Aufruf beteiligten sich etwa 80 Mathematiker, Wissenschaftler, Privatleute und auch Schulklassen. Als Sieger ging ein Mann aus Neudrossenfeld hervor. Er verfehlte den Referenzpunkt, der vom Vermessungsamt festgelegt worden war, nur um 100 Meter. Der Zweitplatzierte hatte eigens ein Computerprogramm zur Messung entwickelt. Um diesen errechneten Mittelpunkt nun auch äußerlich sichtbar zu machen, gab es einen weiteren Wettbewerb. Mehrere Künstler aus dem Umkreis wurden aufgefordert, »Kunst am Mittelpunkt« zu kreieren.

Ausgewählt wurde schließlich das heute vorhandene Kunstwerk, das mit unterschiedlichen Namen betitelt wird. Mal heißt es »Umgekehrte Eistüte«, andere nennen es »Tornado«. Die Jury bezeichnete das Kunstwerk als eine minimalistische, freche und technisch raffinierte Skulptur. Die aus der Distanz zu erkennende Pfeilspitze zeigt genau auf den Mittelpunkt. Auch bei Dunkelheit ist die Skulptur gut zu erkennen, da eine solarbetriebene Beleuchtung sie wie eine schimmernde Zeichnung vor dunklem Hintergrund absetzt. Das Kunstwerk besteht aus Stahlbändern, die miteinander verschweißt wurden. Das Material ist wetterfest und setzt im Laufe der Jahre Patina an, die sich von Rostrot über Violett bis Dunkelbraun entwickeln wird. Am 28. Oktober wurde das neue Kunstwerk aufgestellt. Es ist schon von Weitem sichtbar.

Adresse nahe der St2189, 95359 Kasendorf-Krumme Fohre | **Anfahrt** A70, Ausfahrt Thurnau-West, auf der St2689 durch Thurnau, auf der St2189 nach Kasendorf, am Ende rechts abbiegen, Mittelpunkt nach etwa 2,5 Kilometer auf der rechten Seite | **Öffnungszeiten** immer zugänglich | **Tipp** Die Aussichtsplattform Sonnentempel in Kasendorf lädt zum Verweilen ein und bietet eine wunderschöne Panoramasicht.

33 Das Flakonglasmuseum

Hier bricht weder Glück noch Glas

Glas ist nicht gleich Glas! Das beweist ein Besuch im Flakonglasmuseum in Kleintettau. Das im Dezember 2008 neu eröffnete Ausstellungshaus nimmt mit seiner einzigartigen Besuchertribüne eine Sonderstellung unter den Museen ein. Zudem ist es das einzige Museum in Europa, das sich explizit mit gläsernen Verpackungen für Kosmetik und Düfte beschäftigt.

Bereits in den 1980er Jahren kam die Idee auf, ein Museum zu gründen, um das alte Handwerk der Glasbläserei in der Region nicht in Vergessenheit geraten zu lassen. Aber erst nach der Wende konnten die Planungen in die Tat umgesetzt werden.

Beim Gang durch die über drei Etagen verteilten Ausstellungen erhält der Besucher einen Einblick in die Geschichte des Glases, die sich über mehr als fünf Jahrtausende erstreckt. Auf den aktuell 600 Quadratmetern Ausstellungsfläche stehen Exponate von der Antike bis zur Neuzeit, hier wird die Vergangenheit mit der Gegenwart verknüpft. Erlebnisreich ist auch die Abteilung für Parfümgeschichte. Hier bekommt man Auskünfte über nationale und internationale Hersteller, verbunden mit Riechproben. Man erfährt sogar, welchen Duft Marilyn Monroe zum Schlafen auftrug.

Das besondere Highlight ist aber die Besuchertribüne. Von hier aus kann man einen Blick in die Produktionsstätte der Firma Heinz Glas werfen und von der Entstehung bis zum fertigen Flakon alle Schritte der Herstellung erleben. An jedem ersten Samstag im Monat werden Sonderveranstaltungen und Vorführungen angeboten. Einen schönen Abschluss des Besuches bildet die sogenannte »Glashöhle«. Es handelt sich dabei nicht nur um ein Paradies für Kinder, auch die Erwachsenen haben hier ihren Spaß. Glasinszenierungen vermitteln greifbare und »verzaubernde« Erlebnisse.

Aktuell besteht eine Option auf eine Erweiterung der Fläche mit weiteren hochinteressanten Präsentationen, wie zum Beispiel die Ausstellung »Parfümerie- und Kosmetikkultur der DDR«.

Adresse Glashüttenplatz 1, 96355 Kleintettau, Tel. 09269/7700, www.glasbewahrer.de | Anfahrt A73, Ausfahrt Neustadt bei Coburg, der B4 13,2 Kilometer folgen, rechts auf die B89 abbiegen, am Kreisverkehr 3. Ausfahrt, am nächsten Kreisverkehr 1. Ausfahrt nehmen, bis Jagdshof, links in die Dorfstraße und auf der Judenbacher Straße bis Kleintettau, links auf Glashüttenplatz abbiegen, Museum nach 200 Metern rechts | Öffnungszeiten Mo–Fr 8–19 Uhr, Sa 10–18 Uhr, So und Feiertage geschlossen | Tipp Eine ungewöhnliche Kirche ist in Neuhaus am Rennweg zu finden: die Holzkirche.

34 Das Tropenhaus

Klimaschutz trifft Tropenfrucht

Um die Abwärme des Glasunternehmens Heinz Glas in Kleintettau sinnvoll zu nutzen, wurde die Idee geboren, ein Gewächshaus zu errichten. Dazu kam der Gedanke, tropische Früchte im Frankenwald anzubauen. Erst einmal schwer vorstellbar, da in dieser Region eher ein raues Klima ohne tropische Temperaturen herrscht. Weitere Gründe, das Projekt in Angriff zu nehmen, waren der Umweltschutz und die Senkung der Kosten. In der Regel werden die Früchte ja in den Tropen gezüchtet, unreif geerntet und nach Europa gebracht. Der Reifeprozess beginnt erst am Transportweg und wird durch Zugabe von chemischen Mitteln unterstützt. Die Früchte, die im Gewächshaus angebaut werden, können direkt an der Pflanze gedeihen und reifen dadurch bis zum Ende, was den Geschmack deutlich intensiviert.

Es wurde ein Forschungsprojekt ins Leben gerufen, das folgenden Fragen nachgeht: Welche tropischen Nutzpflanzen eignen sich für den Anbau und die Produktion unter Glas? Wie kann man Wachstums- und Produktionsprozesse für biologische Nahrungsmittel standardisieren? Lassen sich die gewonnenen Erkenntnisse auf weitere Wärmequellen übertragen?

Neben diesen drei Fragen gibt es aber auch noch weitere Aspekte, die mehr als nur den Anbau und den Transport betreffen: Es geht auch um die Tierwelt. Das Besucherhaus umfasst eine Fläche von 800 Quadratmetern, auf denen tropisches und subtropisches Klima nachgeahmt wird. Der angelegte Lehrpfad führt die Besucher unter der Nutzung eines Audioguides durch die Anlage, Lehrtafeln informieren über das Leben in den Tropen.

Im September 2018 wurde des Besucherhaus um weitere 800 Quadratmeter erweitert. In diesem Bereich leben Reptilien, Amphibien und Wirbellose. Die Tiere können hier in ihrem natürlichen Lebensraum beobachtet werden und sind auch unter Wasser zu bewundern. Übrigens werden auch tropische Früchte verkauft.

Adresse Klein Eden 1, 96355 Kleintettau, Tel. 09269/77143, www.tropenhaus-am-rennsteig.de | Anfahrt A73, Ausfahrt Neustadt bei Coburg, der B4 13,2 Kilometer folgen, rechts auf die B89, am Kreisverkehr 3. Ausfahrt, am nächsten Kreisverkehr 1. Ausfahrt nehmen, bis Jagdshof, links in die Dorfstraße und auf der Judenbacher Straße bis Kleintettau, links in die Ludwig-Sollner-Straße und gleich wieder rechts | Öffnungszeiten Mi–Fr, So, Feiertage 10–16 Uhr | Tipp Der nahe gelegene Sinnespfad vermittelt auf 32 Meter Länge einmalige Eindrücke, wenn man – am besten barfuß – über die verschiedenen Waldböden läuft.

35 Das Schulmuseum

»Guten Morgen, Herr Lehrer!«

Das einzige Dorfschulmuseum in Oberfranken ist ein liebevoll geführtes Kleinod. Heute kann sich kaum jemand mehr vorstellen, wie der Schulalltag zwischen 1920 und 1969 aussah. In vielen dörflichen Volksschulen gab es damals nur ein Klassenzimmer, in dem alle Kinder zwischen sechs und 14 Jahren unterrichtet wurden. Musste sich der Lehrer der ersten Klasse widmen, beschäftigten sich die anderen Schüler mit »stillen« Aufgaben. Der ganze Schultag war in dieser Weise gestaltet. Das hatte auch einen Vorteil: Die Jüngsten bekamen schon den Stoff der höheren Klassen mit, und für die Älteren gab es noch mal eine Art Wiederholung.

Der Unterricht begann damit, dass alle Schüler aufstanden und den Klassenleiter im Chor begrüßten: »Guten Morgen, Herr Lehrer!« Dann sprachen sie gemeinsam ein Gebet und/oder sangen ein Lied. Der Lehrer – meist gab es nur einen – wohnte auch im Schulgebäude. Das war praktisch, denn dadurch konnte zum Beispiel morgens bereits das Klassenzimmer geheizt werden. Die Kinder, die außerhalb des Dorfes lebten, gingen oft zu Fuß, im Winter kamen sie teilweise mit Skiern. Die Schüler der ersten Klasse schrieben meist noch auf einer Schiefertafel, die im Ranzen untergebracht war, und das Putztuch schaute an der schmalen Seite hervor. Als es noch keine Füller gab, wurde mit Tinte und Feder geschrieben. Die große Tafel im Klassenzimmer wurde regelmäßig von den Schülern gereinigt und getrocknet.

Beim Besuch des Dorfschulmuseums fühlen sich viele in diese vergangene Zeit zurückversetzt, und man bekommt einen Eindruck davon, wie damals der Unterricht ablief. Besonders wertvoll sind etwa 200 alte Lehrfilme aus dieser Zeit, die aufbewahrt wurden. Die Aufnahmen, die tonlos sind, zeigen Handwerksberufe, die es zum Teil heute gar nicht mehr gibt. Einige Filme werden noch über einen alten Projektor abgespielt, manche wurden inzwischen aber auch digitalisiert und qualitativ aufbereitet.

Adresse Ködnitz 6, 95361 Ködnitz | **Anfahrt** A9, Ausfahrt Himmelkron, Richtung Stadtsteinach, nach 400 Metern links Richtung Trebgast, der St2182 bis Ködnitz folgen, links auf den Mühlbach abbiegen und gleich wieder rechts | **Öffnungszeiten** ganzjährig nach vorheriger Kontaktaufnahme unter Tel. 09221/1529 | **Tipp** Das Stiftskirchenmuseum im Himmelkroner Kloster wartet mit eindrucksvollen Hinterlassenschaften der ehemaligen Bewohner auf.

36 Die Wagnerei

Hier ging's mal rund

Das Rad gehört zu den ältesten Erfindungen überhaupt. Es gibt Hinweise darauf, dass die ersten Räder vor etwa 6.000 Jahren in Persien einfache Karren bewegt haben. Im Mittelalter wurde der Bau von neuartigen Wägen vorangetrieben. Die Erfindung des Kummets machte es möglich, Pferde vor die Kutschen zu spannen, was die Transportleistung gegenüber Ochsenfuhrwerken beträchtlich erhöhte. Im 13. Jahrhundert wurde dann die drehbare Vorderachse entwickelt, die einen Wagen wendiger machte. Bis ins 16. Jahrhundert bewegten sich die Menschen meistens auf Pferden fort. Das Fahren in der Kutsche wurde erst populär, als man den Aufbau des Wagens mit Federungen versah.

Der Bau einer Kutsche erforderte viele Fähigkeiten. Der Wagner war zwar ein Universalist, aber für die Herstellung von Rädern waren Radmacher nötig. Aus den beiden Berufen Wagner und Radmacher hat sich dann ein neuer Beruf herausgebildet: der Stellmacher. Dieser war in der Lage, sowohl das Fahrwerk als auch das Untergestell eines Fahrzeuges zu bauen.

Mit dem Vormarsch der Eisenbahn im 19. Jahrhundert ergab sich für die Stellmacher ein neues Betätigungsfeld. Sie beschäftigten sich nun immer häufiger mit dem Bau von Waggons. Als jedoch das Zeitalter des Automobils eingeläutet wurde, kam der Niedergang des Wagnerhandwerks. Die Kutschen wurden verdrängt, und die Kunst, hölzerne Speichenräder herzustellen, war nicht mehr gefragt.

Das einzige Wagnereimuseum im Frankenwald ist in Köditz nahe Hof beheimatet. Aufgrund einer Initiative des Vereins Historia, der sich für die Erhaltung traditioneller Handwerkskunst in der Region einsetzt, konnte es 2015 eröffnet werden. Es ist in einer ehemaligen Wagnerei untergebracht. Seit der Wagnermeister seine Arbeitsstätte verließ, wurde kaum etwas verändert, nur Mobiliar aus dem letzten Jahrhundert hat man hinzugefügt, was ein authentisches Bild ermöglicht.

Adresse Uferstraße 9, 95189 Köditz, Tel. 0171/1228946 | Anfahrt A72, Ausfahrt Hof-Nord, Richtung Hof, nach 1,8 Kilometern links abbiegen, rechts in die Hauptstraße, nach 500 Metern links in die Bahnhofstraße und gleich wieder rechts in die Uferstraße | Öffnungszeiten jeden 2. So im Monat 14–18 Uhr, Absprache unter Tel. 0171/1228946 oder per E-Mail an kerstin.mohr@historia-koeditz.de | Tipp Zur Erinnerung an den großen Jean Paul wurde in Joditz ein Museum eingerichtet.

37 Die Festung Rosenberg

Unkaputtbar

Die Festung Rosenberg gehört zu den schönsten und größten Festungsanlagen in Europa, und sie zählt zudem auch zu den besterhaltenen Burganlagen in Deutschland.

Kronach und die umliegenden Gebiete gehörten von 1122 an zum Besitz der Bamberger Fürstbischöfe. Sie bauten die mittelalterliche Schutzburg zur Festung Rosenberg aus, die in einem Dokument von 1249 erstmals erwähnt wird. Den Bischöfen lag viel daran, mittels der Burg jedem zu zeigen, über wie große Macht sie verfügten. Heute noch lässt sich erkennen, dass sich ihre Entstehungsgeschichte über mehrere Epochen erstreckte. Deutlich sichtbar sind die Mauern und Türme des 15. und 16. Jahrhunderts bis zum bastionsartigen Pentagon aus dem Spätbarock. Die Burg konnte nie bezwungen oder erobert werden. All diese Besonderheiten verliehen ihr eine bedeutende Stellung innerhalb der Geschichte des Wehrbaus auf deutschem Boden.

1888 kaufte die Stadt Kronach die Festung, die bereits ihre militärische Bedeutung verloren hatte. Heute wird sie vorwiegend touristisch genutzt und nimmt einen herrschaftlichen Platz hoch über der Stadt ein. Besonders faszinierend ist auch das unterirdische Gangsystem, das im Rahmen von Führungen besichtigt werden kann, bei denen man einen herrlichen Blick über Kronach mit seinen Fachwerkhäusern genießt. Die Festung beherbergt zudem eine Zweigstelle des Bayerischen Nationalmuseums.

Alljährlich zwischen Mai und August finden in der traumhaften Kulisse der Burganlage die Rosenberg Festspiele statt. Von modernen Klassikern über Komödien bis zu Stücken für Kinder gibt es ein umfangreiches Angebot, das von einem spannenden Rahmenprogramm abgerundet wird. Ein einzigartiges Festival, das Lichtkunst auf Weltniveau anbietet, verzaubert Kronach jedes Jahr in den letzten April- und den ersten Maitagen. Mit der mächtigen Burg im Hintergrund entsteht ein bezauberndes, unvergessliches Erlebnis.

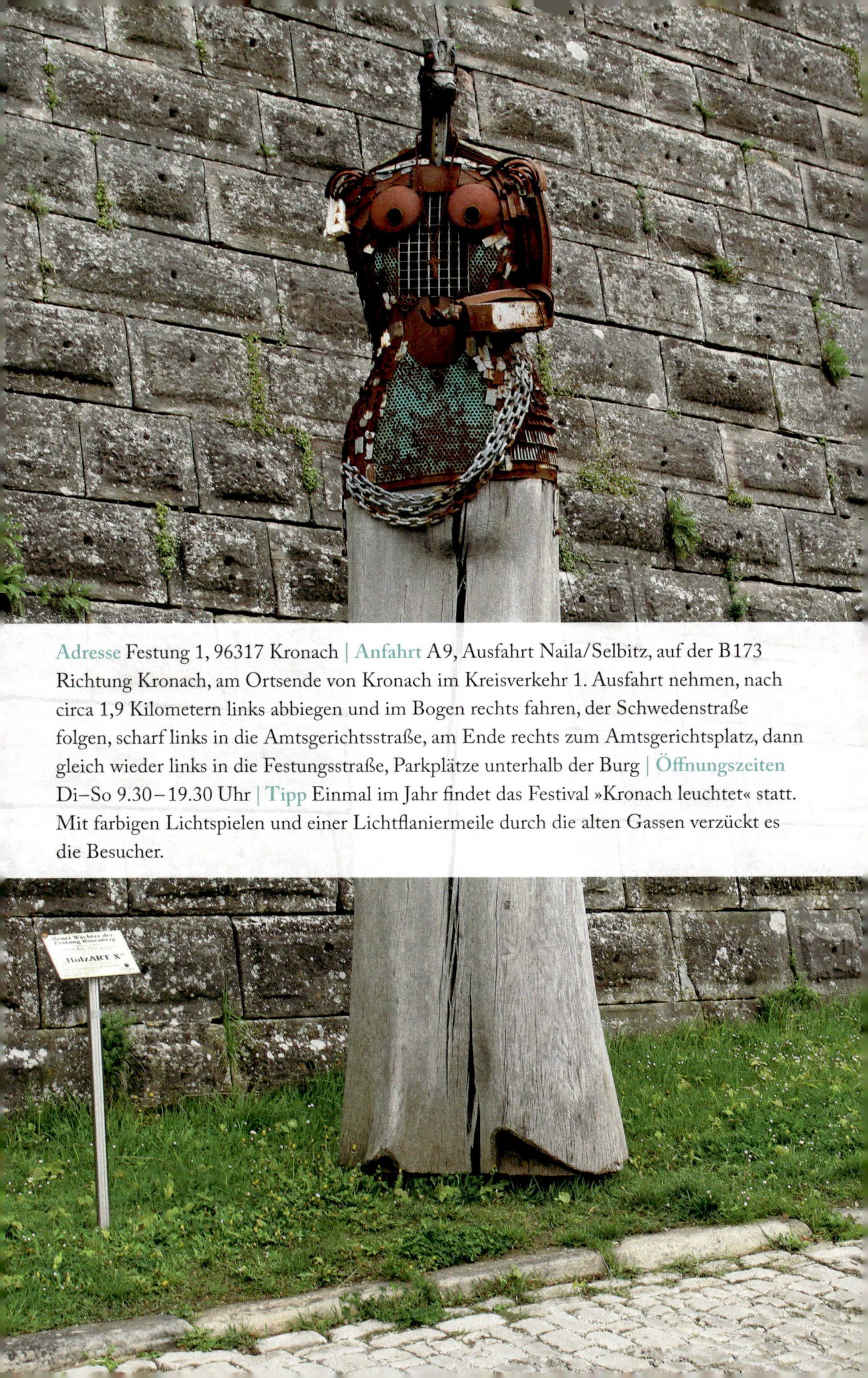

Adresse Festung 1, 96317 Kronach | **Anfahrt** A9, Ausfahrt Naila/Selbitz, auf der B173 Richtung Kronach, am Ortsende von Kronach im Kreisverkehr 1. Ausfahrt nehmen, nach circa 1,9 Kilometern links abbiegen und im Bogen rechts fahren, der Schwedenstraße folgen, scharf links in die Amtsgerichtsstraße, am Ende rechts zum Amtsgerichtsplatz, dann gleich wieder links in die Festungsstraße, Parkplätze unterhalb der Burg | **Öffnungszeiten** Di–So 9.30–19.30 Uhr | **Tipp** Einmal im Jahr findet das Festival »Kronach leuchtet« statt. Mit farbigen Lichtspielen und einer Lichtflaniermeile durch die alten Gassen verzückt es die Besucher.

38 Die Heimatstube

Aussiedeln und dennoch bleiben

Einzigartig im Frankenwald ist die Heimatstube Podersam-Jechnitz, die sich in Kronach im Fiedlerhaus, einem ehemaligen Wohnhaus aus dem Jahr 1674, befindet. In den Räumen präsentiert der aus dem Sudetenland stammende Freundeskreis Podersam-Jechnitz seit 1986 auf 60 Quadratmetern eine sehr sehenswerte Sammlung heimatkundlicher Erinnerungsstücke.

Die beiden Bezirke Podersam und Jechnitz liegen in der heutigen Tschechischen Republik und waren zwischen 1938 und 1945 ein deutscher Landkreis. 1955 wurde die Stadt Kronach zum Paten der einstigen Bewohner und stellte den Umsiedlern das Fiedlerhaus in der Oberen Stadt zur Verfügung. 1989 konnte die Heimatstube nach einigen Umbauarbeiten feierlich eröffnet werden.

Die Ausstellung, die sich auf drei Räume verteilt, ist gefüllt mit einer Vielzahl von interessanten und beeindruckenden Erinnerungen derer, die nicht mehr in ihrer alten Heimat leben durften. Eine Fülle von Aktenordnern beinhaltet Urkunden und Bilder, die nach Gemeinden geordnet sind. Es gibt auch einen kurzen Abriss zur Geschichte der Vertreibung aus dem Podersam-Jechnitz-Raum und viele Erinnerungen an Persönlichkeiten, die sich um den Heimatkreis verdient gemacht haben, inklusive Stammbäume und Grabtafeln. Ein Modell zeigt die Jakobskirche in Rudig (jetzt Vroutek). Sie ist dort die älteste Kirche und wurde bereits im 12. Jahrhundert erbaut. Der einstige Alltag – die Haupterwerbszweige waren der Hopfenanbau und die Landwirtschaft – wird durch erhaltene Originalobjekte anschaulich dargestellt. Die Exponate umfassen Münzen, Geldscheine, Wäschestücke, Kleidung, Handarbeiten und vieles mehr. Die Heimatstube kann nach vorheriger Kontaktaufnahme jederzeit besichtigt werden.

Am Altvaterturm, der an der nahen Grenze zwischen Bayern und Thüringen liegt, wurde eine Gedenktafel als Mahnmal gegen das Vergessen angebracht.

Adresse Lucas-Cranach-Straße 27, 96317 Kronach, Tel. 09261/2839 | Anfahrt A9, Ausfahrt Naila/Selbitz, auf der B173 Richtung Kronach, am Ortsende von Kronach im Kreisverkehr 1. Ausfahrt nehmen, nach circa 1,9 Kilometern links abbiegen und im Bogen rechts fahren, der Schwedenstraße folgen, scharf links in die Amtsgerichtsstraße, am Ende rechts zum Amtsgerichtsplatz, dann gleich wieder links in die Festungsstraße, unterhalb vom Rathaus parken | Öffnungszeiten nach tel. Vereinbarung | Tipp Das Bamberger Tor in Kronach ist ein Bestandteil der alten Befestigungsmauer, die die Obere Stadt von der Unteren Stadt trennt.

39 Die Lucas-Cranach-Büste

Die Kunst zieht weite Kreise

Vermutlich am 4. Oktober 1472 erblickte Lucas Maler in Kronach das Licht der Welt. Er wurde einer der bedeutendsten deutschen Maler, Grafiker und Buchdrucker und nannte sich später nach seiner Heimatstadt Lucas Cranach. Bereits sein Vater, ein wohlhabender Bürger Kronachs, unterrichtete ihn in der Malkunst. In der Folge zog es ihn in die weite Welt, und er hielt sich unter anderem ab 1502 auch in Wien auf. Nun konnte er sein Können verfeinern und knüpfte Kontakte zu hochrangigen potenziellen Auftraggebern.

In dieser Zeit begann er auch, seine Bilder mit »Lucas Cranach« zu signieren. Als Hofmaler fand er ab 1505 Arbeit am kursächsischen Hof. Er fertigte Altarwerke an und malte Porträts im Auftrag seiner Dienstherren, zum Beispiel von Martin Luther. Urkunden aus dem Jahr 1510 belegen seinen Aufenthalt in Wittenberg, wo er 1520 eine Apotheke kaufte. Er war auch als Buch- und Papierhändler sowie als Verleger tätig. Um 1512 heiratete Cranach, und 1515 wurde sein Sohn Lucas geboren. Seine Frau gebar insgesamt drei Töchter und zwei Söhne. In Wittenberg betätigte sich Lucas Cranach auch politisch, war anfangs als Kämmerer tätig und übernahm später das Amt des Bürgermeisters. Lucas Cranach der Jüngere stieg in die Fußstapfen seines Vaters und machte sich ebenso einen Namen in der Welt der Kunst.

1508 verlieh Kurfürst Friedrich der Weise Cranach den Wappenbrief. Das Wappen zeigt eine gekrönte Schlange mit Fledermausflügeln und einem goldenen Ring im Maul. Dies sollte zum unverkennbaren Charakteristikum werden, mit dem der Maler seine Werke signierte. Lucas Cranach der Ältere verstarb 1553 in Weimar. Er war einer der produktivsten und wirtschaftlich erfolgreichsten deutschen Künstler. Seine letzte Ruhestätte befindet sich auf dem Weimarer Jakobsfriedhof.

Vor dem Rathaus in Kronach wurde eine Skulptur aufgestellt, unter der eine kleine Büste von Lucas Cranach steht.

Adresse Festungsstraße 5, 96317 Kronach | **Anfahrt** A9, Ausfahrt Naila/Selbitz, auf der B173 Richtung Kronach, am Ortsende von Kronach im Kreisverkehr 1. Ausfahrt nehmen, nach circa 1,9 Kilometern links abbiegen und im Bogen rechts fahren, der Schwedenstraße folgen, scharf links in die Amtsgerichtsstraße, am Ende rechts zum Amtsgerichtsplatz, dann gleich wieder links in die Festungsstraße, unterhalb vom Rathaus parken | **Öffnungszeiten** immer zugänglich | **Tipp** Ein Modell der Stadt, das zeigt, wie Kronach um 1750 ausgesehen hat, kann man vor dem neuen Rathaus in Augenschein nehmen.

40 Die Synagoge

Vom Gebet zur Kunst und Musik

Die Geschichte der Juden in Kronach beginnt 1298. Damals mussten sie sich um eine Aufenthaltsgenehmigung bemühen, die vom Fürstbischof von Bamberg ausgestellt wurde. Da aber nur wenige Genehmigungen erteilt wurden, wurde die jüdische Bevölkerung nie groß genug, um den Bau einer Synagoge zu rechtfertigen. Zwei Privathäuser in der Oberen Stadt dienten als jüdische Betstuben. 1871 wurden die Juden zu freien Bürgern und erhielten die gleichen Rechte wie alle anderen. Jetzt zog es mehr und mehr Juden, die vorher in ländlichen Gebieten gelebt hatten, in die Stadt. Aufgrund der steigenden Zahl konnte 1883 eine Synagoge errichtet werden. Nach der Machtergreifung Hitlers verließen immer mehr Juden ihre deutsche Heimat, und auch in Kronach gab es nur noch wenige Juden. Es war auch nicht mehr möglich, einen Gottesdienst abzuhalten, da hierfür die Mindestzahl von zehn männlichen Juden vorgeschrieben ist. Demzufolge blieb die Synagoge ungenutzt.

1938 kaufte die Stadt Kronach das Gebäude zu einem symbolischen Preis, sie ist bis heute die Eigentümerin.

Zunächst wurde im Haus ein Sanitätsdepot des Roten Kreuzes eingerichtet, deshalb blieb es auch von einer Zerstörung verschont. Im Erdgeschoss befand sich nach dem Umbau eine Fahrzeughalle, und im ersten Stock wurden Büros und Lager untergebracht. Nachdem 1971 das Rote Kreuz in ein modernes Gebäude umgezogen war, wurde dort ein Teppich- und Möbellager geschaffen. 1991 kam die Idee auf, das Haus abzureißen.

Obwohl es in Kronach keine Juden mehr gab, setzten sich christliche Bürger für den Erhalt der Synagoge ein. In zehnjähriger Bauzeit wurde sie restauriert und konnte am 4. Oktober 2002, fast 119 Jahre nach der ersten Weihe, mit dem Segen der katholischen und der evangelischen Kirche sowie des jüdischen Kantors von Bamberg eingeweiht werden. Heute dient sie als Gedenkstätte, in der immer wieder Ausstellungen, Vorträge oder Konzerte stattfinden.

Adresse Johann-Nikolaus-Zitter-Straße 27, 96317 Kronach, www.synagoge-kronach.de | Anfahrt A9, Ausfahrt Naila/Selbitz, auf der B173 Richtung Kronach, in Kronach rechts in die Kulmbacher Straße, am Ende rechts in die Spitalstraße und in die Johann-Nikolaus-Zitter-Straße | Öffnungszeiten Di–Fr 14–17 Uhr, Sa 11–14 Uhr, So 14–17 Uhr | Tipp Die »Ehren-Säule« am Melchior-Otto-Platz wurde bereits 1654 aufgestellt. Sie erinnert an die Geschehnisse im Dreißigjährigen Krieg und wurde aus Dankbarkeit für die erfolgreiche Abwehr der Schweden gestiftet.

41 Die Heunischenburg

Steinharte Vergangenheit

Weit zurück in die Vergangenheit Oberfrankens weist eine archäologische Fundstätte im Landkreis Kronach. Es ist die Heunischenburg auf dem 486 Meter hohen Wolfsberg, deren Anlage sich auf einer Fläche von etwa eineinhalb Hektar erstreckt.

Früher nahm man an, die Heunischenburg sei entweder im 5. Jahrhundert vor oder im 6. Jahrhundert nach Christus entstanden. Niemand erwartete bei den Ausgrabungen archäologische Besonderheiten. Doch bereits nach wenigen Monaten kamen die Experten auf sensationelle Erkenntnisse: Zwischen den Überresten der Steinmauer fanden sich verbrannte Holzbalkenteile, die auf eine Errichtung bereits im 9. Jahrhundert vor Christus hinwiesen! Auf eine noch frühere Epoche deutet ein gefundener Helm hin, der der Urnenfelderkultur zugeordnet wird. Sie bestand etwa zwischen 1200 und 800 vor Christus, ihr Name geht auf den damals praktizierten Bestattungsritus zurück. Experten des Landesamtes für Denkmalpflege, die sich eingehend mit der Heunischenburg befassten, kamen zu dem Schluss, dass es sich vermutlich um die älteste Steinmauerburg nördlich der Alpen handelt.

Besondere Beachtung schenkte man auch den zahlreichen Fundstücken, die hauptsächlich aus Waffen bestanden. Sie stammten größtenteils aus dem westlichen Mitteleuropa, aus der Schweiz und aus England, was zu einigem Erstaunen führte, da die Gegend wohl von Siedlern aus dem Osten bewohnt wurde. Die Heunischenburg war eine Art Garnison, die an die etwa 50 Kilometer entfernte Burgsiedlung des Gleichberges in Thüringen angeschlossen war.

Anhand der entdeckten Brandspuren gelangte man zu der Auffassung, dass die Heunischenburg im Zuge einer kriegerischen Auseinandersetzung ihr Ende gefunden hat. Zeitlich ordnete man den Vorgang in das 9. Jahrhundert vor Christus ein. Eine spätere Wiederbefestigung der Burg konnte ausgeschlossen werden. Nach den Ausgrabungsarbeiten wurde ein Teil der alten Burganlage restauriert.

Adresse Heunischenburg, 96317 Kronach-Gehülz | Anfahrt A9, Ausfahrt Himmelkron, auf der B303 bis Marktrodach, dort links Richtung Kronach, weiter auf der Bundesstraße, im Kreisverkehr der B85 Richtung Saalfeld folgen, nach Übergang zur Ludwigsstädter Straße links in die Breitenloher Straße und bis Entmannsdorf, nach 1 Kilometer links zum Parkplatz | Öffnungszeiten immer zugänglich | Tipp Das ehemalige Kloster in Sonnefeld ist ein lohnenswertes Ausflugsziel. Hier verbrachte Anna von Sachsen, die Tochter des Kurfürsten August von Sachsen, mehrere Jahre in Gefangenschaft.

42 Das Geburtshaus von Hans Wilsdorf

Ticktack, ticktack

Was wahrscheinlich die wenigsten wissen, ist, dass die Firma Rolex von einem gebürtigen Kulmbacher gegründet wurde. Es handelt sich um Hans Wilsdorf, der 1881 in Kulmbach das Licht der Welt erblickte und zwei Geschwister hatte. Bereits mit zwölf Jahren wurde er Vollwaise und kam in die Familie seiner Verwandten mütterlicherseits. Sein Onkel Hans war der Begründer der Brauerei Gebrüder Maisel in Kulmbach. Die Eisenwarenhandlung, die seine Eltern betrieben hatten, wurde verkauft. Hans verbrachte seine Schulzeit in einem Internat in Coburg, bis er 16 Jahre alt war. Danach trat er eine kaufmännische Lehre in Bayreuth an. Mit 19 Jahren ging er in die Schweiz, um im Uhren-Exportgeschäft Cuno Kourten in La Chaux-de-Fonds als Bürokaufmann und Fremdsprachenkorrespondent zu arbeiten. Wilsdorf knüpfte geschäftliche Kontakte nach Großbritannien und entschied 1903, dorthin auszuwandern. Auf der Hinreise wurde ihm sein Erbteil in Höhe von 33.000 Deutschen Goldmark gestohlen, und so musste er seine Geschwister um finanzielle Unterstützung bitten. Seinen Traum, sich selbstständig zu machen, konnte er sich jetzt nur noch erfüllen, indem er seinen Schwager James Davis an seinem Geschäft beteiligte. Die beiden importierten Uhren aus der Schweiz und boten diese in Großbritannien als Schweizer Uhren der Firma Wilsdorf & Davis Ltd. an.

Wie es zum Namen Rolex kam, ist nicht ganz geklärt. Man geht davon aus, dass es die Abkürzung von »rolling export« ist. Um die hohen Zölle zu vermeiden, zahlte Wilsdorf seinen Partner Davis aus und verlegte seinen Firmensitz in die Schweiz, wo er als alleiniger Inhaber der Firma Montres Rolex S.A. tätig war.

Wilsdorf verstarb 1960 in Genf, und da seine Ehen kinderlos blieben, vermachte er sein Millionenvermögen seiner Stiftung.

Adresse Marktplatz 7, 95326 Kulmbach | Anfahrt A70, Ausfahrt Kulmbach/Neudrossenfeld, auf der B85 nach Kulmbach, dort rechts in die Wilhelm-Meussdörffer-Straße, dann über Pestalozzistraße und Kressenstein, am Kreisverkehr in der Webergasse 1. Ausfahrt zur Sutte nehmen, dort parken und zu Fuß entlang der Spitalgasse bis zum Markt gehen | Öffnungszeiten Privatbesitz, nur von außen zu besichtigen | Tipp Sowohl der rote als auch der weiße Turm gelten in der Kulmbacher Innenstadt als Wahrzeichen.

43 Das Gottschalk-Wohnhaus

»Wetten, dass..?«

... jeder den blonden Hünen aus dem Frankenwald kennt? 1950 wurde Thomas Gottschalk in Bamberg geboren. Der Überlieferung zufolge war es der Wunsch seiner Eltern, dass ihre Kinder in einem katholischen Krankenhaus das Licht der Welt erblicken sollten. Deshalb fuhren die Gottschalks zur Entbindung nach Bamberg. Aufgewachsen ist Thomas jedoch gemeinsam mit seinen beiden jüngeren Geschwistern in Kulmbach. Die erste Wohnung befand sich an der Sutte. Später zog die Familie in die Straße Am Galgenberg. Das Gebäude ist immer noch im Besitz der Familie Gottschalk, und Thomas Gottschalk, der ein- bis zweimal im Jahr in Kulmbach anzutreffen ist, nutzt das Haus weiterhin zusammen mit seinen Geschwistern.

Die Schulzeit verbrachte er auch in Kulmbach und machte sein Abitur am humanistischen Markgraf-Georg-Friedrich-Gymnasium. Während dieser Zeit versuchte er sich bereits in Kulmbach als DJ und legte in einem Tanzlokal Platten auf. Zum Studieren zog es ihn nach München, wo er an der Ludwig-Maximilians-Universität Deutsch und Geschichte für das Lehramt paukte.

1971 begann er seine Laufbahn beim Radio. Mit Unterbrechungen blieb er dem Bayerischen Rundfunk bis 1989 treu und erreichte damals bereits einen hohen Bekanntheitsgrad. 1976 wurde das Fernsehen auf ihn aufmerksam, und viele seiner Sendungen sind den Zuschauern noch heute bekannt. Es gab auch eine Zeit, in der er als Schauspieler in einigen Filmen zu sehen war, nicht nur in deutschen Produktionen. Nicht zuletzt durch die Sendung »Wetten, dass..?« wurde er zu einem der beliebtesten Moderatoren Deutschlands. Mit seiner blonden Mähne und immer auffallend gekleidet trat er mit losem Mundwerk auf und redete sich in die Herzen der Zuschauer.

In den 1990er Jahren verlegte er seinen Hauptwohnsitz nach Kalifornien, um seine Familie vom Medienrummel fernzuhalten. Mittlerweile lebt er wieder in Deutschland.

Adresse Am Galgenberg, 95326 Kulmbach | Anfahrt A70, Ausfahrt Kulmbach/Neudrossenfeld, auf der B85 nach Kulmbach, dort links in die Melkendorfer Straße und gleich wieder links in Am Galgenberg | Öffnungszeiten Privatbesitz, nur von außen zu besichtigen | Tipp In Kulmbach befinden sich auch das Bayerische Brauerei- und Bäckereimuseum und das Deutsche Gewürzmuseum. Zu besuchen sind diese Ausstellungen im Mönchshof.

44 Der Main-Zusammenfluss

Aus zwei mach eins

Bereits von den Kelten wurde der Main als Wasserstraße genutzt. Über eine Länge von 527 Kilometern fließt er von Ost nach West und mündet bei Mainz in den Rhein. Seinen Ursprung hat er aber in Oberfranken. Westlich von Kulmbach fließen zwei kleine Flüsschen zusammen: der Rote Main und der Weiße Main.

Die Rotmainquelle befindet sich etwa zehn Kilometer südlich von Bayreuth. Bis zum Zusammenfluss mit dem Weißen Main legt der Rote Main 72 Kilometer zurück. Da er durch lehmhaltiges Gelände fließt, sieht er rötlich aus. Der Weiße Main hat seinen Ursprung im Fichtelgebirge, am Osthang des Ochsenkopfs. Diese Quelle wird in der Regel als die eigentliche Mainquelle bezeichnet, da der Weiße Main mehr Wasser führt als der Rote. Der Name kommt von dem hellen Granitgestein, durch das er fließt und das ihm die kristalline weiße Farbe gibt.

An der Stelle, an der sich die beiden Quellflüsse vereinigen, wurde vor wenigen Jahren eine Brücke gebaut, und es wurde ein Platz geschaffen, der reichlich Informationen enthält. Damit ist es einfach geworden, an beiden Ufern zu stehen und das Zusammenfließen zu beobachten. Beim genaueren Hinschauen lassen sich auch die unterschiedlichen Farben des Wassers erkennen.

Auf einem Felsen zwischen den beiden Quellflüssen liegt das Schloss Steinenhausen. Die barocke Schlossanlage war bis 1935 im Besitz der Familie von Guttenberg. In der Kriegszeit diente sie als Seminar für Kindergärtnerinnen, danach war sie kurzzeitig eine Entbindungsstätte, dann wurde sie als Altenheim genutzt. Seit 1987 befindet sich hier eine Außenstelle des Bayerischen Landesamtes für Umwelt.

Etwa 1,5 Kilometer entfernt, an der Mainaue, die die Einheimischen »Kieswäsch« nennen, wurde ein Naherholungsgebiet angelegt. Rund um den Badesee gibt es Plätze zum Angeln, außerdem einen Beachvolleyballplatz und für Kinder einen Buddelplatz. Bäume sorgen bei Sonnenschein für angenehmen Schatten.

Adresse Frankenberger Straße, 95326 Kulmbach | **Anfahrt** A70, Ausfahrt Kulmbach/Neudrossenfeld, nach Neudrossenfeld, auf der B85 nach Kulmbach, nach circa 2,7 Kilometern links nach Gößmannsreuth, weiter Richtung Oberzettlitz, am Ende links auf die St2190, rechts nach Katschenreuth und der Straße bis zum Parkplatz folgen | **Öffnungszeiten** immer zugänglich | **Tipp** Die Burg Wernstein, die in Mainleus zu finden ist, gehört zu den schönsten Burganlagen in Oberfranken.

45 Der Rehberg

Tierische Wanderung

Der Weg ist das Ziel! Diese Aussage trifft für den Besuch eines der schönsten und reizvollsten Aussichtspunkte im Frankenwald in vollem Umfang zu.

Bereits 1498 wurde der Rehturm am Rehberg bei Kulmbach zum ersten Mal urkundlich erwähnt. Die Aufgabe des Wachturmes, der in ein zusammenhängendes System eingegliedert war, das sich von Bamberg über den Frankenwald und das Fichtelgebirge bis ins Vogtland erstreckte, bestand vor allem darin, sowohl die Bewohner der Plassenburg als auch die der Stadt Kulmbach durch Signalfeuer rechtzeitig vor drohenden Gefahren zu warnen. Das gelang wahrscheinlich nicht immer verlässlich, denn 1553/54 wurde der Turm im Bundesständischen Krieg zerstört, und 1806 besetzten bayerisch-französische Truppen den Rehberg, um von dort aus die Plassenburg zu belagern.

Das FrankenwaldSteigla »Rehbeg-Weg« führt direkt am Rehturm vorbei. Auf dem Naturlehrpfad, der etwa vier Kilometer lang ist, finden sich 21 Stationen, die ein Erlebnis für alle Sinne bieten und an denen sowohl Kinder als auch Erwachsene noch einiges lernen können. So gibt es zum Beispiel einen Barfußpfad auf verschiedenen Bodenformationen, Schautafeln informieren über die Tier- und Pflanzenwelt des Waldes, und wer sich auf den besonderen Liegestühlen ausstreckt, erhält eine völlig neue Perspektive, wenn er in die Baumkronen späht.

Immer wieder wurden Renovierungsarbeiten am Rehturm vorgenommen, und das umliegende Areal wird sorgfältig gepflegt. 1976 wurde der Turm wegen Baufälligkeit für ein Jahr gesperrt. Das Forstamt legt großen Wert darauf, den Weitblick nicht durch zu hochgewachsene Bäume zu verdecken.

Der Turm hat eine Höhe von 26,4 Metern und ist über eine Außentreppe mit 18 Stufen und eine Innentreppe mit 108 Stufen zu besteigen. Auf der 17. Stufe gibt es ein Hinweisschild, das besagt, dass man sich hier genau auf 500 Metern über dem Meeresspiegel befindet.

Adresse Am Rehberg, 95326 Kulmbach | **Anfahrt** A70, Ausfahrt Kulmbach/Neudrossenfeld, nach Neudrossenfeld, auf der B85 nach Kulmbach, dort rechts in die Wilhelm-Meussdörffer-Straße, nächste Straße rechts und in die Weiherer Straße, links in die Dr.-Martin-Luther-Straße, über die Gustav-Adolf-Straße in die Straße Am Rehberg | **Öffnungszeiten** immer zugänglich | **Tipp** Das weltweit einzige Zinnfigurenmuseum befindet sich in der auch sonst sehr interessanten Plassenburg.

46 Das Bergbaumuseum

In den Berg und aus dem Berg

Kupferberg ist eine der kleinsten Städte Bayerns. Der Ort verdankt seinen Namen den Bodenschätzen, die hier lange Zeit gewonnen wurden. Der Bergbau zählt zu den ältesten Erwerbszweigen, die im Frankenwald verbreitet waren.

Frühe Abbauversuche soll es bereits im 9. Jahrhundert vor Christus gegeben haben. Die erste Blütezeit des Bergbaus fand jedoch erst im 14. Jahrhundert statt. In dieser Zeit sollen allein in Kupferberg etwa 1.600 bis 1.700 Bergleute tätig gewesen sein. In zehn Schmelzhütten wurde das Kupfererz verhüttet. 1326 erhielt Kupferberg das Stadtrecht, die Bürger durften die Stadt nun ummauern, und man konnte Steuern erheben. Die Ergiebigkeit der Kupferfunde wurde in einem Bericht von 1685 festgehalten, in dem überliefert ist, dass 520 Zentner Erz gefördert wurden und davon 15 Prozent Garkupfer geschmolzen werden konnte. Üblicherweise waren es immer nur zwei Prozent. Von 1700 bis 1732 erlebte der Kupferbergbau eine zweite Blütezeit, die jedoch endete, als sehr teure Entwässerungsanlagen für den weiteren Betrieb nötig geworden wären. Einen erneuten Abbauversuch gab es 1885. 1940 wurde der Bergbau dann endgültig und unwiderruflich eingestellt.

Das 2015 eröffnete Bergbaumuseum, das ein Besucherbergwerk beinhaltet, ist in der ehemaligen St.-Veit-Zeche untergebracht. 22 Meter unter Tage sind hier neben alten Maschinen, die früher im Bergbau verwendet wurden, auch einzigartige Steinarten und -strukturen zu sehen. Zudem erhält man einen Einblick in bergbautechnische Besonderheiten und in die Arbeitsbedingungen in der Zeche.

Eine weitere Möglichkeit, die Geschichte des Bergbaus intensiver kennenzulernen, bietet der Bergbau-Wanderweg, der sich über eine Länge von 15 Kilometern erstreckt und von Kupferberg nach Wirsberg führt. Auf diesem Weg erfährt man noch mehr über den Abbau der Erze und über die unterschiedlichen Gesteine. Einige Stollen entlang der Route sind heute noch begehbar.

Adresse Wirsberger Weg 34, 95362 Kupferberg, Tel. 09227/9727833, www.bergbau-kupferberg.de | Anfahrt A9, Ausfahrt Himmelkron, der B303 Richtung Stadtsteinach folgen, Richtung Wirsberg abbiegen, die Kulmbacher Straße queren und weiter zum Museum | Öffnungszeiten 31. März–31. Okt. jeden letzten So im Monat 10–17 Uhr | Tipp Der Peterlesstein, an dem sogar Serpentinfarne wachsen, ist ein Magnetberg und liegt zwischen Marktleugast und Kupferberg. Auch die Spiegelteiche sind einen Besuch wert.

47 Das jüdische Tauchbad

Ein verschütteter Badeort

Bereits seit dem 16. Jahrhundert und bis ins 19. Jahrhundert hinein bestand in Küps eine jüdische Gemeinde. Heute sind noch Spuren dieser Zeit vorhanden.

Die große jüdische Gemeinde in Küps hatte eine eigene Synagoge. Die erste wurde bereits 1694 errichtet, 1769 erfolgte ein Neubau. Nachdem sich die Gemeinde 1870 aufgelöst hatte, wurde das Gebäude als Lager für Stroh und Heu genutzt. Im Mai 1900 kam es dann zum endgültigen Abbruch der Synagoge, an ihrer Stelle wurde eine Turnhalle erbaut. Tafeln mit Inschriften weisen jedoch noch auf die jüdische Zeit hin.

Eine weitere Besonderheit ist das jüdische Tauchbad, das als Mikwe bezeichnet wird. Dabei handelt es sich um ein privates rituelles Bad, das einer jüdischen Familie gehörte. Das zugehörige Gebäude wurde 1990 abgerissen, doch das Tauchbad konnte erhalten bleiben. Zum Eingang führt eine kleine Treppe. Der Raum ist etwas größer als 30 Quadratmeter, und die Wände bestehen aus großen Sandsteinblöcken, die in früheren Zeiten verputzt waren. Am hinteren Ende des Raumes führt eine weitere sehr schmale und kleinstufige Treppe in das eigentliche Tauchbad hinab.

Natürlich gab es auch einen Friedhof der jüdischen Gemeinde. Das älteste Grab stammt aus dem Jahr 1611. Nach 1734 kam es zu einer Erweiterung der Friedhofsfläche. Im Jahr 1830 plädierte das Landgericht Kronach für die Schließung und ordnete an, die jüdischen Verstorbenen entweder außerhalb der Stadt beizusetzen oder im Friedhof in Burgkunstadt zu beerdigen. Auf einem Teil des Friedhofs wurden behelfsmäßige Wohnheime erstellt, die 1966 wieder abgebrochen wurden. In den 1980er Jahren errichtete man einen Kinderspielplatz und wollte sogar einen Festplatz aus dem Gelände machen. Das konnte jedoch verhindert werden, da den Toten ein Ruherecht zugestanden werden musste. Heute finden sich hier ein großer Gedenkstein und eine steinerne Menora.

Adresse Am Hirtengraben 10, 96328 Küps | Anfahrt A70, Ausfahrt Kulmbach-Neudrossenfeld, auf der B85 nach Kronach, in Kronach am Ortsende links abbiegen, am Kreisverkehr 2. Ausfahrt Richtung Küps nehmen, in Küps links in die Straße Am Rathaus abbiegen, nach dem Marktplatz rechts halten | Öffnungszeiten Besichtigung nach Absprache mit Herrn Gögelein unter Tel. 09264/7240 | Tipp Der historische Pfarrgarten in Schmölz bei Küps wurde zu einem sehenswerten Kräutergarten umgestaltet.

48_Die Porzellanstadt

Hoch die Tassen!

Küps, das an der Porzellanstraße liegt, feiert in wenigen Jahren ein Jubiläum: 200 Jahre Porzellanmanufaktur. 1829 erhielt die Stadt das Privileg, Porzellan herzustellen, und im Laufe der Zeit siedelten sich immer mehr Betriebe an. Das Porzellan wurde zu einem wichtigen Wirtschaftsfaktor, der vielen Bewohnern einen Arbeitsplatz garantierte. Wirtschaftskrisen und Konkurrenzbetriebe wurden für die Arbeitgeber jedoch zu einer großen Herausforderung, und mit der Zeit reduzierte sich die Anzahl der Porzelliner drastisch. Großen Einfluss hatte Anfang der 1970er der Einstieg eines englischen Finanzkonglomerats, das einige Hersteller aufkaufte, wodurch viele Arbeitsplätze verloren gingen.

Etwa zeitgleich gab es bei Lindner Porzellan einen Besitzerwechsel. Das Werk wurde fortan von der Familie Gossel geführt. Zwar war es nicht immer einfach, das Geschäft weiter aufzubauen, aber die Familie Gossel blieb beharrlich. Heute ist Lindner Porzellan der einzige Hersteller in Küps und nach wie vor in Familienhand. Das Angebot erstreckt sich vom klassischen Geschirr bis zu modernen Einzelstücken. Die Produktion erfolgt nach wie vor von Hand, das macht jedes Stück zu etwas Besonderem.

Im Betrieb gibt es einen Werksverkauf, und nach vorheriger Anmeldung ist auch eine Besichtigung möglich. Dabei können die Besucher die einzelnen Produktionsschritte bis hin zum fertig bemalten Porzellanstück verfolgen. Besonders stolz ist die Familie, dass ihre Produkte sogar bis nach Kuwait verkauft werden. Und da kommt bestimmt noch mehr!

Besonders reizvoll sind die »Eierlikörtässchen«. Die feinen Damen wollten früher nicht dabei gesehen werden, wenn sie mal einen Likör zu sich nahmen. Extra für sie wurden deshalb kleine Tassen und Kännchen gefertigt, die den Anschein gaben, dass die Damen einen besonderen Tee tranken – in Wahrheit war es Eierlikör und andere Spirituosen.

Adresse Lindner Porzellan, Bamberger Straße 9, 96328 Küps, 09264/595, www.lindner-porzellan-shop.de | Anfahrt A70, Ausfahrt Kulmbach/Neudrossenfeld, auf der B85 bis Kronach, in Kronach am Ortsende links abbiegen, am Kreisverkehr 2. Ausfahrt Richtung Küps nehmen, in Küps etwa 1 Kilometer fahren, Gebäude auf der linken Seite | Öffnungszeiten Mo–Do 7–12 und 13–16 Uhr, Fr 7–12 Uhr | Tipp Das Schuhmachermuseum in Burgkunstadt zeigt das Handwerk von seinen Anfängen an.

49 Die Schlössergemeinde

Acht Mal blaues Blut

Die Gemeinde Küps wird auch »Schlössergemeinde« genannt und nimmt mit acht Schlössern eine besondere Stellung ein.

Beim »Mittleren Schloss« in Küps handelt es sich um das älteste Gebäude in der Reihe. Eine Torbrücke weist darauf hin, dass es einst von Gräben umgeben war. Das »Obere Schloss« ist auch als Haus Schemenau bekannt. Edle Fachwerkornamentik und das Renaissanceportal prägen den Bau. Ein Schloss, das über die Jahre hinweg immer wieder zerstört wurde, wurde unter dem bekannten Barockarchitekten Balthasar Neumann neu erbaut und wird heute als das »Neue Schloss« oder das »Hintere Schloss« bezeichnet.

Das Jagdschloss in Nagel ist ein ehemaliges Wasserschloss. Ein zweites Bauwerk musste vor einigen Jahren abgerissen werden. Im Garten befindet sich eine Eiche, deren Alter auf 1.000 Jahre geschätzt wird und deren Stamm einen Umfang von zwölf Metern aufweist. Im Schloss in Schmölz ist ein Café untergebracht. Im Salon herrscht wegen der Möbel und Gegenstände aus vergangenen Zeiten eine nostalgische Atmosphäre. Hinter dem alten Turm erwartet man, auf Rapunzel zu stoßen.

Das Schloss in Oberlangenstadt würde man eher in Schottland vermuten. Der Baumeister Ludwig Volz, der bereits mit König Ludwig II. mehrere Bauten plante, war hier federführend und setzte auf einen englisch-gotischen Stil. Das Gebäude nimmt eine Ausnahmestellung unter den Schlössern in Oberfranken ein.

Das Schloss in Hain wurde 1774 von Grund auf im Barockstil erneuert. Das Schloss in Theisenort wird auch »Alte Wache« genannt. Der ursprüngliche Bau wurde 1947 von einem Brand völlig zerstört. Auf dem Grundstück befinden sich neben der alten Wache das Schloss, eine Kirche und eine Vorburg. In Tüschnitz sind nur noch die Grundmauern der Burganlage zu sehen. Das Gebäude wurde 1632 total zerstört, und der Platz wurde zu einer Grünanlage mit historischem Flair.

Adresse Oberes Schloss, Kulmbacher Straße 1, 96328 Küps; Altes Schloss, Mühlweg 2, 96328 Küps; Neues Schloss, Am Plan 14, 96328 Küps; Schloss Oberlangenstadt, Alte Poststraße 5, 96328 Küps; Schloss Schmölz, Johann-Georg-Herzog-Straße 3, 96328 Küps; Schloss Hain, Am Schloßberg 6, 96328 Küps; Schloss Tüschnitz, Schloßring 18, 96328 Küps; Schloss Nagel, 96328 Küps | **Anfahrt** A70, Ausfahrt Kulmbach/Neudrossenfeld, auf der B85 nach Kronach, in Kronach am Ortsende links abbiegen, am Kreisverkehr 2. Ausfahrt Richtung Küps nehmen | **Öffnungszeiten** Schlösser nur von außen zu besichtigen | **Tipp** In Weißenbrunn befindet sich das Brauer- und Büttnermuseum. Hier steht ein eindrucksvolles, 14.000 Liter fassendes Bierfass.

50 Das Bandonion-Museum

Wo die Mehrheit die Töne angibt

Bandonion, Bandoneon oder Bandonium – es handelt sich immer um das gleiche Musikinstrument. Ursprünglich aus der Konzertina entstanden, gehört es zur Familie der Harmonikainstrumente. Bei der Entstehungsgeschichte taucht der Name Carl Friedrich Uhlig auf. Das war ein Chemnitzer Instrumentenbauer, der 1834 große Konzertinas herstellte. Der Krefelder Musiklehrer Heinrich Band, der angeblich bei Uhlig die 54-tönige Konzertina erlernt hat, war schnell von dem Instrument begeistert und stellte sich der Herausforderung, die Anzahl der Töne zu erweitern. Er kaufte nachweislich in Böhmen Konzertinas auf und nahm ständig Veränderungen an den Geräten vor. Von anfänglich 64 Tönen entwickelte er das Instrument über ein 88-töniges zu einem 100-tönigen Instrument weiter. Später brachte er es sogar auf 130 Töne.

Bei der Namensgebung ließ er sich wahrscheinlich vom Accordion inspirieren, das der alte Name des von Uhlig entwickelten Instrumentes war. Kurzerhand nahm er davon die letzten drei Buchstaben, setzte seinen Nachnamen voran und verband beides mit einer zusätzlichen Silbe, dem »on«. Somit war der Name Bandonion geboren. Im Laufe der Zeit veränderte sich die Schreibweise dann immer wieder zu neuen Begrifflichkeiten.

Band schaffte es bald, seine musikalische Erfindung über die Grenzen Krefelds hinaus bekannt zu machen. Er spielte sein Instrument selbst im Krefelder Stadtorchester. Die größte Popularität erhielt das Bandonion jedoch in Zusammenhang mit dem Tango, und es wurde rasch prägender Bestandteil von Orchestern. Selbst in den USA hielt das Bandonion Einzug. Wilhelm Seyfferth, ein deutscher Einwanderer, ließ sich von seinem Bruder ein Bandonion schicken und machte es dort schnell berühmt.

Heute gibt es nur noch ganz wenige Bandonion-Bauer. Das Museum in Lichtenberg verfügt noch über eine Vielzahl dieser Instrumente und kann viel darüber erzählen.

Adresse Im Dürrergrundweg 9, 95192 Lichtenberg | Anfahrt A9, Ausfahrt Berg/Bad Steben, der St2629 etwa 8 Kilometer folgen, links in die Lichtenberger Straße, am Ende rechts in die Nailaer Straße, dann rechts in den Dürrergrundweg | Öffnungszeiten nach Vereinbarung unter Tel. 09288/5205 | Tipp In Lichtenberg befindet sich ein von privater Hand errichteter Naturgarten, der einen Blick wert ist.

51__Die Burg

Das Mittelalter kehrt zurück

Obwohl nur noch eine Ruine zu sehen ist, hat die geschichtsträchtige Lichtenberger Burg der kleinen Stadt ein Monument hinterlassen, das Menschen von überallher nach Lichtenberg zieht.

Als eines der wichtigsten Schlösser Frankens wurde die Anlage im 12. Jahrhundert gebaut. In den Folgejahren wurde sie häufig zerstört und nach jedem Angriff noch prächtiger und größer wiederaufgebaut. Kaiserliche Truppen brannten das Schloss im Dreißigjährigen Krieg nieder, und 1682 zerstörte ein erneuter Brand die Überreste. Ab diesem Zeitpunkt wurden Maßnahmen zum Wiederaufbau unterlassen. Erhalten werden konnten umfassende Kelleranlagen sowie der im Burghof stehende 25 Meter hohe Schlossbergturm. Er wurde erst 1936 auf einem sieben Meter hohen Mauerstumpf des Bergfrieds errichtet. Der Stadtkern war einst von einer robusten Mauer umgeben, die heute noch an der der historischen Stadt zugeneigten Seite erkennbar ist.

In jedem Jahr finden sich am letzten Wochenende der bayerischen Sommerferien in Lichtenberg Feuerspucker, Scherenschleifer, Scharlatane, Reimesprecher, Märchenerzähler und viele weitere Freunde des Rittertums zusammen und feiern gemeinsam mit zahlreichen Besuchern aus nah und fern das Burgfest. Zwei Tage und zwei Nächte lang spielt mittelalterliche Musik auf, man verkostet selbst gebrannte Schnäpse, genießt das Aroma besonderer Düfte, die Menschen tanzen und feiern. Das Mittelalter beginnt bereits am Marktplatz, wo die »armen Schlucker« aufgerufen werden, den »Wegzoll zu berappen, zu staunen und zu gaffen«. Ein Spektakel, das die Menschen aus Nah und Fern herbeiruft.

In Planung ist derzeit der Bau von zwei Brücken, die eine neue Attraktion im Frankenwald darstellen sollen. Die Höllentalbrücke soll über eine Länge von 1.000 Metern über das Höllental führen. Für den Rückweg ist die etwa 400 Meter lange Lohbachtalbrücke geplant. Der Zeitpunkt des Baubeginns steht noch nicht fest.

Adresse Waldenfelsplatz 2, 95192 Lichtenberg | **Anfahrt** A9, Ausfahrt Berg/Bad Steben, durch Issigau, in Hölle links Richtung Lichtenberg, am Ortsende von Lichtenberg rechts in die Nailaer Straße, dann rechts zum Marktplatz und weiter zum Waldenfelsplatz | **Öffnungszeiten** Gelände ganzjährig zugänglich, Infos unter www.burgfest-lichtenberg.de | **Tipp** Die Lichtenberger Seebühne mit Blick auf den Frankenwaldsee gibt den dort im Sommer aufgeführten Konzerten eine besondere Kulisse.

52 Das Haus Marteau

Klassik meets history

Seit 1982 befindet sich in Lichtenberg eine der herausragendsten Kultureinrichtungen Oberfrankens: die internationale Musikbegegnungsstätte Haus Marteau.

Henri Marteau (1874–1934) war ein Geigenvirtuose von internationalem Rang, heute würde man ihn als Superstar bezeichnen. Zudem war er ein erstklassiger Lehrer. Er unterrichtete an Musikhochschulen in Genf, Berlin und Prag. Wegen seiner häufigen Reisen inner- und außerhalb Deutschlands suchte er sich einen zentral gelegenen Wohnort, von dem aus Prag, Berlin, München, Frankfurt und Leipzig gut zu erreichen waren. Er stieß auf Lichtenberg, das ihm dafür ideal schien.

Mit dem Ausbruch des Ersten Weltkriegs verschlechterten sich die Lebensbedingungen in Deutschland auch für Marteau. Dennoch unterrichtete er bis zu seinem Tod 1934 in seinem Haus, gab Sommerkurse und Einzelunterricht für viele junge Musiker. Lichtenberg übte auf die Schüler eine besondere Anziehungskraft aus, nicht zuletzt wegen seiner schönen landschaftlichen Lage zwischen Frankenwald und Thüringer Wald und mit dem reizvollen Wechsel von Tälern und Höhen, Feldern und Wäldern sowie den Dörfern und Städtchen mit den freundlichen, hilfsbereiten Bewohnern. Marteau lud 1913 zu seinem ersten Konzert mit dem Marteau-Quartett in der Turnhalle in Lichtenberg, das schnell weit über die Grenzen der Region hinaus bekannt wurde.

Nachdem die Witwe Marteaus verstorben war, verkauften die Erben das Haus an den Bezirk Oberfranken, mit dem Ziel, es weiter als Musikbegegnungsstätte zu nutzen. In den Jahren 2017 bis 2021 wurde es umgebaut, und im Untergeschoss wurde es um einen wundervollen, erstaunlichen Konzertsaal erweitert. Die Musikbegegnungsstätte ist nach wie vor international bekannt und bereichert den Frankenwald als kulturelle Einrichtung von hohem Wert. Immer wieder finden klassische Konzerte in den Räumlichkeiten statt.

Adresse Lobensteiner Straße 4, 95192 Lichtenberg, www.haus-marteau.de | Anfahrt A9, Ausfahrt Berg/Bad Steben, durch Issigau, in Hölle links Richtung Lichtenberg, der Hauptstraße durch Lichtenberg 800 Meter folgen, an der linken Seite Weg zum Parkplatz | Öffnungszeiten Führungen möglich, aktuelle Informationen und Kontakt siehe Website | Tipp In Lichtenberg werden zeitweise Wanderungen über Bergwurzwiesen angeboten.

53_Das Kraftwerk

Wenn der Teufel auf das Wasser trifft

Neben der eindrucksvollen Natur und den faszinierenden Wanderwegen mit ihren vielen Attraktionen bietet die Region rund um das Höllental einen weiteren reizvollen Anziehungspunkt: das Wasserwerk mit einer Fontäne.

Entlang des Talwegs, der über den Jungfern- und den Teufelssteg führt, entstand bereits vor vielen Jahren ein Wasserkraftwerk. Die Selbitz liefert das notwendige Wasser, und ihre Kraft wird allein schon dadurch deutlich, dass sie sich tief in das Gestein des Höllentals eingeschnitten hat. Ihr Weg durch das Höllental ist 3,5 Kilometer lang, sie windet sich wie ein Gebirgsbach. Bei gutem Wetter und an Sonntagen schießt am Kraftwerk eine gewaltige Fontäne aus dem Boden. Der Strahl erreicht eine Höhe von 36 Metern, und in jeder Sekunde werden drei Kubikmeter Wasser in die Höhe geschleudert. Bei Sonnenschein lässt sich dann am oberen Ende ein wunderschöner Regenbogen ausmachen. Vielleicht findet der eine oder andere Besucher dessen Ende?

Diese Fontäne ist aber nicht nur als besondere Attraktion gedacht. Sie dient auch der Stromgewinnung. Ein Wehr sorgt dafür, dass das Wasser der Selbitz stets genügend Druck erzeugt. Früher wurde die Wasserkraft auch zum Zerreiben von Holzfasern genutzt, die dann mit Pferdefuhrwerken in nahe gelegene Zellstoff- und Papierfabriken transportiert wurden, deren Eigentümer Dr. Fritz Wiede war.

Er war es auch, der eine 262 Meter tiefe Bohrung veranlasste und dadurch zwei Quellen erschloss. Diese wurden bis ins Jahr 1907 genutzt, über sie wurde Kohlensäure gewonnen. Ein Teil wurde an Brauereien verkauft, der Rest wurde bei der Herstellung und Abfüllung von Mineralwasser eingesetzt. 1928 folgte die Produktion von Süßgetränken. So entstand die Firma Höllensprudel, die es heute noch gibt. Zwar sank der Umsatz um 80 Prozent, als Deutschland geteilt wurde, aber seit der Grenzöffnung konnten wieder große Abfüllmengen generiert werden.

Adresse Höllentalstraße 1, 95192 Lichtenberg | **Anfahrt** A9, Ausfahrt Berg/Bad Steben, Richtung Berg, durch Issigau, nach 7,8 Kilometern Wanderparkplatz auf der rechten Seite, von dort etwa 2,4 Kilometer zu Fuß entlang der Selbitz | **Öffnungszeiten** immer zugänglich | **Tipp** Vom Jungfernsteg oder Jungfernstieg aus, der überdacht ist, bietet sich ein schöner Blick durch das Höllental bis zum Hirschsprung.

54 Der Teufelssteg

Ein Auf und Ab in der Hölle

Das Höllental ist für die Bewohner des Frankenwalds ein ganz besonderer Ort. Besucher von nah und fern entdecken die malerische Schönheit dieses Tals, das sich von Hölle bis nach Blechschmidtenhammer erstreckt, und finden hier eine einmalige Region für Spaziergänge oder abwechslungsreiche Wanderungen vor.

Der Teufelssteg im Höllental hat sich im Laufe der Zeit zu einem begehrten Ausflugsziel entwickelt. Besonders interessant ist die namensgebende Legende, die diesem Ort zugeschrieben wird, die gleichzeitig auch die Bildung des gesamten Höllentals erklärt. Vor vielen Jahren war demnach ein Köhler bei einem Schmied in Blechschmidtenhammer, von dem er sich sein Werkzeug richten ließ. Beide kamen ins Gespräch und vergaßen dabei die Zeit. Es dämmerte bereits, als der Köhler den Heimweg mit seinem Pferdegespann antrat, er wollte die Fahrt in der Dunkelheit vermeiden. Plötzlich blieben die Pferde stehen. Sie zitterten und waren nass vor Schweiß. Der Köhler rief in die Dunkelheit, aber es kam keine Antwort zurück. Plötzlich begann die sonst ruhige Selbitz laut zu rauschen, ein Sturm kam auf, Äste flogen durch die Gegend, und Bäume knickten um. Und dann war da noch eine gräuliche Stimme aus der Dunkelheit zu vernehmen: »Der Tag war für dich – die Nacht ist für mich – du bist mein!« Der Köhler erkannte die Stimme des Teufels sofort und schlug unverzüglich drei Kreuze. Das machte den Teufel so wütend, dass er kräftig mit seinem Fuß aufstampfte. Daraufhin teilten sich die Gesteinsmassen, und eine Schlucht tat sich auf. Kurz danach wurde es ganz ruhig, die Bäume standen wieder still, und die Selbitz floss gemächlich dahin. Der Teufel war in die Hölle gefahren!

Seitdem heißen die Steine »Teufelsfelsen«, der Steg »Teufelssteg« und das gesamte Tal »Höllental«. An mancher Stelle soll noch der Fußtritt des Teufels zu sehen sein. Gesehen wurde der Höllenbewohner aber nie mehr!

Adresse Höllental, 95192 Lichtenberg | Anfahrt A9, Ausfahrt Berg/Bad Steben, Richtung Berg, durch Issigau, nach 7,8 Kilometern Wanderparkplatz auf der rechten Seite, zu Fuß der Beschilderung 850 Meter bis zur Selbitz folgen | Öffnungszeiten immer zugänglich | Tipp Der Rebecca-Stollen ist ein aufgelassener Bergwerksstollen. Er ist nur auf den ersten Metern zugänglich.

55_Die profanierte Marienkapelle

Unheilig

Eine einzigartige Geschichte erzählt das Museum der profanierten Marienkapelle in Ludwigsstadt.

Man geht heute davon aus, dass der Rundbau in der zweiten Hälfte des 14. Jahrhunderts entstand. Unter dem Gebäude wurde eine Krypta vermutet, was jedoch nie nachgewiesen wurde. Jedoch wurde nach dem Abriss der ursprünglichen Kapelle, die der »Heiligen Marien« gewidmet war, ein toter Mann gefunden. Wahrscheinlich handelte es sich um einen Bauarbeiter, der während der Errichtung der Kapelle ums Leben gekommen war. Im Zuge der Reformation wurde die Kapelle profaniert und durfte somit nicht mehr als Gotteshaus genutzt werden.

Im Jahr 1584 wurde das Gebäude von Christoff von Thüna, dem Herrn zu Lauenstein, gekauft, und er verpachtete die Räumlichkeiten an einen Wirt, der dort eine Schenke einrichtete. Dagegen protestierten die Ludwigsstädter erfolgreich, und das Haus ging in den Besitz der Stadt zurück. In den folgenden 200 Jahren wurde das Gebäude als Armenhaus genutzt. 1780 erwarb es der Nagelschmied Meinhardt und richtete sich im Erdgeschoss eine Schmiede ein. 200 Jahre lang blieb diese im Besitz der Familie Meinhardt. 1907 wurde das Krüppelwalmdach abgetragen und ein heute noch vorhandener Fachwerkaufbau, der die Form eines Oktagons bildet, wurde daraufgesetzt. Bereits bei früheren Ausgrabungen wurde die Form eines Oktagons im Fundament entdeckt.

Ebenfalls im Jahr 1907 zog Rosa Tübel in das Haus ein. Sie begann 1924 als Rosa Meinhardt – inzwischen war sie verheiratet –, einfühlsame und qualitativ hochwertige Gedichte zu verfassen. Ihre schriftstellerischen Werke machten sie weit über die Grenzen der Stadt hinaus bekannt. Ihr zu Ehren wurde das Haus zu einer Gedenkstätte umgebaut. Auch ihrem Dichterfreund Isidor Wilhelm und dessen Sohn wurde eine Ausstellung gewidmet.

Adresse Lauensteiner Straße 20, 96337 Ludwigsstadt, Tel. 09263/974541 | **Anfahrt** A9, Ausfahrt Berg/Bad Steben, bis Hölle, dort rechts Richtung Lichtenberg, in Lichtenberg rechts abbiegen und der Straße 3 Kilometer folgen, am Rastplatz Wegspinne links, vor Neuendorf links dem Rennsteig folgen, nach 7,2 Kilometern links, weiter auf der L2373 und der L2374, in Lehesten links in die Breite Straße, am Kreisverkehr 1. Ausfahrt Richtung Ludwigsstadt nehmen, über die B85 nach Ludwigsstadt, nach etwa 800 Metern Kapelle auf der rechten Seite | **Öffnungszeiten** nur nach tel. Anmeldung | **Tipp** Rund um Lehesten gibt es noch alte Schieferbrüche, die zwar nicht mehr aktiv betrieben werden, aber als Zeitzeugen viele Geschichten »erzählen« können.

56 Das Schiefermuseum

Das blaue Gold

Die thüringisch-fränkische Schieferstraße, die durch eine eindrucksvolle Landschaft verläuft, führt direkt nach Ludwigsstadt, wo das Schiefermuseum zu finden ist. Dieses Haus versteht sich als ein »Museum zum Anfassen«, in dem man sich völlig zwanglos bewegen kann.

Das »blaue Gold des Schiefergebirges«, wie das Gestein in der Gegend genannt wird, war früher ein begehrter Rohstoff. Verschiedene Exponate zeigen die unterschiedlichsten Einsatzmöglichkeiten. Besucher erhalten einen intensiven Einblick in das schon fast geheimnisvoll wirkende Material. Einzigartig ist der Originalgiebel, der aus dem Jahr 1673 stammt und als ältester Schiefergiebel weltweit gilt. Dieser war sehr kunstvoll und prunkvoll verziert, auf den Schieferschindeln befanden sich Stanniolmalereien, die sehr teuer und auch relativ kompliziert anzubringen waren. Leider sind sie als solche nicht mehr sichtbar, jedoch sind die hinterlassenen Spuren auf dem Schiefer immer noch zu erkennen. Nebenan steht ein dem Originalzustand nachempfundener neuer Giebel.

Die Zeit des Schieferabbaus und die weitere Verarbeitung zu Schiefertafeln werden im Museum ebenfalls sehr eindrucksvoll thematisiert. In der Region gibt es immer noch viele Häuser, bei denen nicht nur das Dach, sondern auch die Außenfassaden mit Schiefer verkleidet wurden. Häufig haben diese Gebäude auch sehr kunstvoll angebrachte Verzierungen. Bis heute wird bei Neubauten oder Renovierungen viel mit Schiefer gearbeitet.

In dem nachgestellten Klassenzimmer fühlt sich jeder Besucher wieder in die Zeit zurückversetzt, als er oder sie noch Abc-Schütze war. Wo heute in den Klassenzimmern Flatscreens oder Whiteboards hängen, gab es in der Vergangenheit große Schiefertafeln, und sicher kann sich noch jeder daran erinnern, wie er diese irgendwann einmal mit dem Schwamm nach dem Unterricht reinigen musste.

Adresse Lauensteiner Straße 44, 96337 Ludwigsstadt, Tel. 09263/974541 | **Anfahrt** A9, Ausfahrt Berg/Bad Steben, bis Hölle fahren, rechts Richtung Lichtenberg, in Lichtenberg rechts abbiegen und der Straße 3 Kilometer folgen, am Rastplatz Wegspinne links, vor Neuendorf links dem Rennsteig folgen, nach 7,2 Kilometern bei Neundorf links, dann weiter auf der L2373 und der L2374, in Lehesten links in die Breite Straße, am Kreisverkehr 1. Ausfahrt nehmen und der Frankenwaldhochstraße folgen, über die B85 nach Ludwigsstadt, Museum auf der rechten Seite, Parkplatz linker Hand | **Öffnungszeiten** Di–So 13–19 Uhr | **Tipp** Der Aussichtsturm Thüringer Warte an der Grenze zwischen Bayern und Thüringen stellt eine weitere Sehenswürdigkeit dar.

57 Der Trogenbachviadukt

Der Zug, der vom Himmel fiel

1883 wurde mit dem Bau der Eisenbahnbrücke begonnen, die die Innenstadt von Ludwigsstadt in einer Höhe von 26 Metern überspannt. Im Frühsommer 1885 war die 200 Meter lange, aus Schiefergestein bestehende Konstruktion fertiggestellt. Von Anfang an war sie für einen doppelgleisigen Verkehr konzipiert worden, jedoch wurde das zweite Gleis erst 1890 eingebaut. Das machte sich jedoch bald bezahlt, da sowohl der Güterverkehr als auch der Personenverkehr stark zunahm und immer mehr Züge eingesetzt werden mussten. Die Brücke ermöglicht die Verbindung der Eisenbahnhauptlinie München–Halle/Leipzig–Berlin. Am 1. Oktober 1885 fuhr der erste Zug über sie. Die Gesamtbaukosten der Trogenbachbrücke schlugen nach zeitgenössischen Angaben mit 309.000 Mark zu Buche.

Am 18. Februar 1924 passierte dann ein großes Unglück. Ein Güterzug verunglückte und stürzte in Ludwigsstadt in die Tiefe. Die Ursache war ein technischer Defekt an der Luftdruckbremse, der bereits bei der Abfahrt registriert, jedoch nicht weiter berücksichtigt worden war. Da die Strecke vor Ludwigsstadt über die Frankenwaldrampe führt und diese ab Steinbach am Wald relativ steil abfällt, nahm der Zug eine hohe Geschwindigkeit auf und konnte nicht mehr abbremsen. Bei diesem Unglück fanden drei Menschen den Tod: der Lokführer, der Zugbegleiter und ein Mann, der seinen verstorbenen Bruder im Sarg nach Berlin überführen wollte, wo er beerdigt werden sollte. Am Boden herrschte ein absolutes Chaos: Der Zug war auf dem Weg zur Messe nach Leipzig gewesen, und das mitgeführte Obst, weitere Lebensmittel, Stoffe und andere Produkte lagen verstreut herum.

Im Zweiten Weltkrieg sollte die Brücke gesprengt werden, was jedoch der Ludwigsstädter Bürgermeister zu verhindern wusste. Die Brücke, an der immer wieder Sanierungsarbeiten stattfinden, steht trotz ihrer traurigen Geschichte monumental in Ludwigsstadt.

Adresse 96337 Ludwigsstadt | Anfahrt A9, Ausfahrt Berg/Bad Steben, bis Hölle fahren, rechts Richtung Lichtenberg, in Lichtenberg rechts abbiegen und der Straße 3 Kilometer folgen, am Rastplatz Wegspinne links, vor Neuendorf links dem Rennsteig folgen, nach 7,2 Kilometern bei Neundorf links, weiter auf der L2373 und der L2374, in Lehesten links in die Breite Straße, am Kreisverkehr 1. Ausfahrt Richtung Ludwigsstadt, über die B85 nach Ludwigsstadt, nach etwa 500 Metern links in die Mühlgasse | Öffnungszeiten immer zugänglich | Tipp Die Confiserie Bauer und die Lauensteiner Confiserie in Lauenstein warten mit süßen Verführungen auf.

58 Die Burg Lauenstein

Die weiße Frau

Über Lauenstein thront majestätisch die gleichnamige Burg. Sie soll unter König Konrad I., der 918 starb, erbaut worden sein. Einer Sage nach soll alles, was der König am Tag aufbauen hatte lassen, nachts wieder verschwunden sein. Die Bewohner des Ortes gelangten schnell zu der Annahme, dass bei diesem Bau der Teufel seine Finger im Spiel hatte. Konrad suchte verzweifelt einen Einsiedler auf, um ihn um Rat zu fragen. Der riet dem König, sich an den verfluchten Platz zu begeben, seinen Königsmantel dort zu zerreißen, daraus ein langes Seil zu machen und damit an der gegenüberliegenden Bergspitze einen Kreis zu ziehen. Dieser Platz sei der ideale Ort für die Burg. Der König folgte dem Rat, und von diesem Moment an schritt der Bau schnell voran.

Inwieweit diese Sage der Wahrheit entspricht, kann heute niemand mehr wissen. Die ältesten Teile der Burg, die heute noch zu sehen sind, sind erst im 12. Jahrhundert entstanden. Im Laufe der Jahrhunderte wechselte die Burg häufig ihre adligen Eigentümer, bis sie 1815 in bürgerlichen Besitz überging. Leider ließ der damalige Eigner die Burg zusehends verwahrlosen. 1896 wurde sie vom Burgenromantiker Dr. Messner gekauft, der ihr wieder neues Leben einhauchte. In dieser Zeit empfing Dr. Messner viele prominente Besucher, darunter auch Theodor Heuss. Diese Blütezeit setzte sich viele Jahre fort, und seit 1962 ist die Anlage im Besitz des Freistaates Bayern. 1996 wurde sie restauriert. Seitdem ist die Burg für Besucher geöffnet, die an einer Führung teilnehmen können. Als ehemaliger Besitzer wurde Dr. Messner am Lauensteiner Friedhof beigesetzt.

Aufgepasst: Katharina von Orlamünde, die Tochter des Landgrafen, die ihre Jugend in Lauenstein verbrachte, soll, nachdem sie ihre beiden Kinder umgebracht und im Kloster in Himmelkron heimlich beerdigt hatte, heute noch ruhelos als weiße Frau in den Gemäuern umherstreifen.

Adresse Burgstraße 3, 96337 Ludwigsstadt-Lauenstein | Anfahrt A9, Ausfahrt Bad Lobenstein, auf der B90 bis Wurzbach fahren, in Wurzbach links in die Lehestner Straße, auf der L1096 bis zum Kreisverkehr, 1. Ausfahrt Richtung Ludwigsstadt entlang der B85 nehmen, in Lauenstein links in die Orlamünder Straße, 700 Meter der Burgstraße folgen | Öffnungszeiten Di–So 10–16 Uhr | Tipp Der in der Nähe liegende Bahnhof von Probstzella blickt auf eine bewegte Vergangenheit zurück, als es noch Grenzkontrollen gab. Das dort befindliche Grenzbahnhof-Museum wartet mit etlichen interessanten Exponaten auf.

59 Der Märchenpfad

Es war einmal …

In Ludwigsstadt befindet sich nicht irgendein Märchenpfad, sondern ein besonderer, der für Kinder und Erwachsene gleichermaßen interessant ist.

Aufgrund einer Initiative des Naturparks Frankenwald und mit Unterstützung der Stadt Ludwigsstadt sowie ortsansässigen Geschäften wurde der Märchenpfad 2008 ins Leben gerufen. Ein Forstdirektor lieferte die Ideen dazu und entwarf das Konzept.

Bei der 4,5 Kilometer langen Strecke handelt es sich um einen Rundwanderweg, der in Lauenstein beginnt. Der romantische Weg führt über Stock und Stein entlang eines Bachlaufs, manchmal auch bergauf, quert Wiesen und Felder und verläuft am ehemaligen Röhrensteig wieder bergab zum Ausgangspunkt. Dieser befindet sich auch nahe dem »Köchinnengrab«. Mit dieser Stelle ist eine Sage verbunden, die von einer Köchin der Burg Lauenstein erzählt, die wegen Kindestötung angeklagt, grausam hingerichtet und an dieser Stelle begraben worden sein soll.

An vier Stationen werden Sagen aus der Umgebung erzählt, zum Beispiel von der Burg Lauenstein, die in unmittelbarer Nähe liegt. An zehn weiteren Stationen gibt es interessante Informationen rund um das Thema Bäume und Natur: Wieso haben Blätter bestimmte Formen? Wie erkennt man die einzelnen Bäume? Noch viele weitere Fragen werden beantwortet. Immer wieder stehen Bänke und Tische zur Erholung bereit, und die Kinder können sich ausgiebig austoben. Ein aufgestellter Käfer lädt zum Klettern ein, außerdem finden sich auf dem Weg Möglichkeiten, sich musikalisch zu betätigen.

Der Märchenpfad kreuzt mehrere Wanderwege, unter anderem auch einen Teil des Lutherpfades. Der Aussichtsturm »Thüringer Warte« befindet sich ebenfalls in der Nähe. Er hat eine Höhe von 26,5 Meter und bietet einen zauberhaften Rundumblick auf den Frankenwald und bis nach Thüringen. In Inneren ist eine Ausstellung über die einstige innerdeutsche Grenze zu sehen.

Adresse Großparkplatz Lauenstein, Burgstraße, 96337 Ludwigsstadt-Lauenstein | Anfahrt A9, Ausfahrt Bad Lobenstein, auf der B90 bis Wurzbach, am Ortsende von Wurzbach links in die Lehestner Straße, der L1096 bis zum Kreisverkehr folgen, 1 Ausfahrt Richtung Ludwigsstadt entlang der B85 nehmen, in Lauenstein links in die Orlamünder Straße, 400 Meter bis zum Parkplatz | Öffnungszeiten immer zugänglich | Tipp Seit 2017 gibt es Alpakas in Lauenstein. Sie sind auf den Wiesen rund um Lauenstein anzutreffen, aber es werden auch Führungen angeboten (Tel. 0151/57619927).

60__Der Dorfgarten

So einfach werden Kohlköpfe zu Gold

Eingebettet in die Höhen des Frankenwalds und mit einem weiten Blick bis ins Thüringer Land liegt das Dorf Steinbach an der Haide. Die umgebende Landschaft ist gesegnet mit seltenen Pflanzen, und auch der ehemalige Grenzstreifen entwickelt sich zum Biotop und zu einem Kleinod.

Inmitten der Gemeinde befindet sich der Dorfgarten, der in seiner Art einzigartig ist. Bereits im 16. Jahrhundert wurde er als der »Große Garten am Anger« erwähnt. Anstatt eines Dorfplatzes haben die damaligen Bewohner beschlossen, einen gemeinsamen Garten anzulegen. Er diente anfangs als Einnahme- und Versorgungsquelle. Die Gemeindemitglieder säten Krautpflanzen an, versorgten sich selbst damit und verkauften sie außerdem im weiteren Umland. Im Laufe der Zeit veränderte sich die Anlage jedoch, sie wurde mehr und mehr als Nutz- und Ziergarten verwendet. Um die Zusammenarbeit besser zu organisieren, erhielt jede Familie eine Parzelle, für deren Pflege sie selbst verantwortlich war. Dadurch entstand ein kleines buntes Paradies, weil die jeweils Zuständigen unterschiedliche Blumen, aber auch Gemüse und Kräuter anpflanzten.

Der Farbenreigen beginnt bereits im Frühjahr, wenn die ersten Stiefmütterchen und Krokusse blühen, und zieht sich durch das ganze Jahr bis in den Winter hinein – ein Spektakel, an dem sich das Auge nicht sattsehen kann.

Steinbach an der Haide kann jedoch noch mit einer zweiten Besonderheit aufwarten. Oberhalb des Gartens befindet sich eine kleine Tafel, die auf zwei gewonnene Medaillen hinweist. Die Bewohner kultivieren nämlich nicht nur ihren Anteil im gemeinsamen Garten, sondern sie gestalten mit dem gleichen Enthusiasmus auch ihre eigenen Gärten und Häuser farbenprächtig und mit viel Liebe zum Detail. Der Ort nahm an dem Wettbewerb »Unser Dorf soll schöner werden« teil. Und aufgrund des Engagements der Einwohner konnte er dabei zweimal die Goldmedaille gewinnen.

Adresse 96337 Ludwigsstadt-Steinbach an der Haide | Anfahrt A9, Ausfahrt Bad Lobenstein, auf der B90 Richtung Bad Lobenstein, nach Wurzbach und Lehesten, der Straße der Jugend nach rechts folgen, etwa 2,5 Kilometer auf der St2376 weiterfahren, dann links nach Steinbach an der Haide | Öffnungszeiten immer zugänglich | Tipp Der Altvaterturm in Lehesten ist ein Aussichtsturm, der einen großartigen Panoramablick bietet.

61 Die Basilika

Päpstlicher Einfluss

Marienweiher ist der bekannteste Marienwallfahrtsort im Frankenwald. Er gehört zum Erzbistum Bamberg. Pilger fühlen sich häufig von der Pracht der Basilika angezogen, die Ruhe und Abgeschiedenheit des Ortes bieten jedoch auch Entspannung und Zeit zum Abschalten und Besinnen.

Die Geschichte der Basilika fußt auf einer Sage aus dem 12. Jahrhundert. Ein Fuhrmann aus Sachsen, der in Franken eine Marienfigur erworben hatte, befand sich auf dem Heimweg. Unterwegs wollten ihn jedoch Räuber angreifen. In seiner Not bat er Maria um Hilfe. Und das Wunder geschah: Er konnte den Räubern entkommen. Aus tiefster Dankbarkeit darüber, dass ihm nichts geschehen war, ließ er die Marienfigur an der Stelle stehen und erbaute eine hölzerne Kapelle um sie herum.

Marienweiher wurde 1189 erstmals erwähnt und Ende des 15. Jahrhunderts offiziell zu einem Wallfahrtsort erklärt. Als die Hussiten 1429 einfielen, wurden die Kirche und das dazugehörige Hospiz zerstört. Die Bewohner versteckten das Madonnenbild im Dorfweiher. Erneut kam es zu Plünderungen und Zerstörungen. Darauffolgende Seuchen und Hungersnöte führten zu einem Rückgang der Wallfahrer und damit auch zu einem reduzierten Gemeindeleben. Um dem entgegenzuwirken, übernahmen 1646 Franziskaner die Pfarrei. Bald darauf gab es jedoch wieder Streitereien, und die Padres zogen sich 1650 zurück. In der Zeit wechselten Kloster und Kirche mehrfach ihre Zugehörigkeiten. 1718 wurde mit dem Bau einer neuen Kirche begonnen, da die Anzahl der Pilger wieder anstieg und die alte Kirche zu wenig Platz bot. 1828 erlaubte König Ludwig I. dann die Wiedereinrichtung des Klosters und die Neubelebung des Ordenslebens.

Auch heute noch finden jährlich Hunderte von Pilger den Weg nach Marienroth. 1993 wurde das Gotteshaus von Papst Johannes Paul II. mit dem Ehrentitel »Basilica minor« bedacht. Somit wurde es besonders geehrt.

Adresse Marienweiher 3, 95352 Marktleugast-Marienweiher | Anfahrt A9, Ausfahrt Münchberg-Nord, Richtung Helmbrechts, in Helmbrechts bei der Tankstelle links in die Gunterstraße, nach 1 Kilometer links in die Ringstraße, nach 1,3 Kilometer links in die Kulmbacher Straße, dieser 8,5 Kilometer folgen, vor Neuensorg links und der Straße weiter folgen | Öffnungszeiten tagsüber zugänglich | Tipp Eine weitere sehenswerte Basilika befindet sich in Glosberg. Der Ort ist ebenfalls ein beliebtes Wallfahrtsziel.

62 Das Flößermuseum

Holz zu Wasser und zu Land

Flößen hat im Frankenwald eine lange Tradition und nahm in der Vergangenheit einen starken Einfluss auf das Leben der Menschen und die wirtschaftliche Entwicklung der Gegend. Der Waldreichtum und viele Wasserläufe boten äußerst günstige Voraussetzungen, um den Holzhandel voranzutreiben. Bereits im Mittelalter wurden die abgeholzten Baumstämme über den Wasserweg, also über Rhein und Main, bis in die Niederlande gebracht. Die Flößerei wurde zu einer wichtigen Einnahmequelle, sie veränderte die Landschaft und auch die sozialen Strukturen in der Region.

Unterrodach, ein Ortsteil von Marktrodach, ist ein typisches Flößerdorf, wie es sie nur noch selten gibt. Im dortigen Flößermuseum lebt die Geschichte erneut auf. Nachdem die Flößerei in den 1950er Jahren ein Ende gefunden hatte, richtete die Gemeinde 1968 das Museum ein, das 1987 komplett erneuert wurde. In einem ehemaligen Flößerhaus, das im 17. Jahrhundert gebaut und im 19. Jahrhundert stark verändert wurde, befinden sich nun Floßmodelle, Bekleidung und Werkzeuge aus früherer Zeit.

Aus heutiger Sicht war das Leben damals sicher kein Zuckerschlecken. Die Männer arbeiteten hart und lange, um ihre Familien ernähren zu können. Wer sich in diese Zeit zurückversetzen möchte, der kann an einer Floßfahrt teilnehmen, die von der Gemeindeverwaltung Wallenfels regelmäßig organisiert wird. Der am 14. Januar 1864 gegründete Flößerverein wurde 1948 in den »Ruhestand« versetzt. Nach der Gründung des Museums wurde er jedoch wieder zum Leben erweckt und ist heute als Förderverein tätig. Die Mitglieder legen besonderen Wert darauf, das Brauchtum und das Volksgut zu pflegen.

Am 23. Mai 2010 wurde dem Ortsteil Unterrodach im Rahmen eines Festakts das Prädikat »Europäisches Flößerdorf« verliehen, und am 1. Dezember 2022 entschied die UNESCO, die Flößerei als immaterielles Kulturerbe anzuerkennen.

Adresse Kirchplatz 8, 96364 Marktrodach-Unterrodach | Anfahrt A9, Ausfahrt Himmelkron, auf der B303 nach Marktrodach, an der Tankstelle vorbei und der Hauptstraße bis zum Kirchplatz folgen | Öffnungszeiten Sa, So, Feiertage 14–18 Uhr, Besuche außerhalb der Öffnungszeiten nach Anfrage bei der Gemeindeverwaltung unter Tel. 09261/603110 | Tipp Die Fränkische Galerie, ein Zweigmuseum des Bayerischen Nationalmuseums, ist für Kunstfreunde ein Muss.

63 Das Leichenkreuz

Wenn die Jugend in Fahrt kommt

In Marlesreuth bei Naila steht an der Nailaer Straße bei den Hausnummern 12 und 13 ein kleiner verwitterter Stein, der eine Kreuzform aufweist. Dieses alte Kreuz wird als Totenkreuz bezeichnet. Im 19. Jahrhundert war es üblich, genau an dieser Stelle innezuhalten, wenn Verstorbene aus den eingemeindeten Kirchengemeinden nach Marlesreuth überführt wurden: Der Leichenzug hielt an, die Sargträger hoben den Sarg vom Wagen und trugen ihn zum Friedhof, wo der Tote seine letzte Ruhe fand.

Der Stein liegt jedoch nicht schon immer hier. Sein überlieferter erster Platz befand sich auf einem Feld des Schlosses, das einst im zwei Kilometer entfernten Nestelreuth stand. Dort herrschten die Herren von Reitzenstein. Deren einziger Sohn wurde eines Tages von einem Junker von Beulwitz besucht, der aus dem eineinhalb Stunden entfernten Schloss Neuhaus stammte. Der Junker wurde freudig in Nestelreuth begrüßt, und die beiden Jünglinge verbrachten vergnügt mehrere Tage gemeinsam. Um zur weiteren Unterhaltung des Besuchers beizutragen, organisierte der junge Herr von Reitzenstein eine Jagd. Auch während dieser herrschte unter den Jünglingen noch Heiterkeit. Als sie jedoch auf dem Heimweg zurück nach Nestelreuth waren, begannen sie eine Diskussion, die sich zu einem handfesten Streit entwickelte. Da keiner von beiden nachgeben wollte, endete die Auseinandersetzung in einer Aufforderung zum Zweikampf. Dieses Duell führte schließlich zum Tod des Junkers von Beulwitz, den der junge Reitzenstein zu verantworten hatte. Der floh, und sein weiteres Schicksal wurde nie bekannt.

Sein Vater ließ an der Stelle, wo das Unglück angeblich geschah, dem Verstorbenen zu Ehren und als Denkmal ein Kreuz aufstellen. Wie das Totenkreuz in späterer Zeit dann seinen Weg nach Marlesreuth fand, ist jedoch nicht bekannt und wird wohl auch weiterhin ein Geheimnis bleiben.

Adresse Nailaer Straße 12, 95119 Marlesreuth | **Anfahrt** A9, Ausfahrt Naila/Selbitz, auf der B173 Richtung Kronach, links Richtung Marlesreuth/Döbra, der St2158 3,5 Kilometer folgen, links in die Nailaer Straße und 500 Meter weiter | **Öffnungszeiten** immer zugänglich | **Tipp** Der »kapfige« Stein befindet sich auf dem Weg von Marlesreuth nach Selbitz. Bei diesem handelt es sich um einen kleinen Felsvorsprung, um den sich mehrere Sagen ranken, die mittels einer Tafel daneben erzählt werden.

64 Die Richtstätte

Entlarvung beim Tanz

Die Mitwitzer Richtstätte war ein Platz, an dem verurteilte Mörder hingerichtet wurden. Doch das geschah nicht durch Erhängen, wie es andernorts üblich war, sondern an dieser Stelle fanden die Verurteilten den Tod durch Rädern. Es war wohl eine der qualvollsten Foltermethoden jener Zeit. Wenn der Scharfrichter zum Ende hin Mitleid mit dem Verurteilten bekam, erlöste er ihn, indem er ihn mit dem Beil enthauptete. Das damals zum Einsatz gebrachte Folterinstrument befindet sich heute im Keller des Rathauses.

Die letzte Hinrichtung soll hier im Herbst 1791 erfolgt sein. Der Verurteilte war Nikolaus Hoffmann. Er stammte aus einer kleinen Einsiedelei zwischen Mitwitz und Burggrub. Als er das heiratsfähige Alter erreicht hatte, stellte er seine zukünftige Frau seinen Eltern vor. Aber sie verwehrten ihm die Hochzeit. In ihren Augen war sie eine »liederliche Dirne«, die auf keinen Fall zur Familie gehören sollte. Voller Zorn und aus reiner Verbitterung besorgte sich Nikolaus eine Axt, brach nachts die Tür zum elterlichen Schlafzimmer mit Gewalt auf und erschlug seine Eltern. Das geschah am 16. August 1791. Danach verschloss er das Tor und flüchtete. Nach vier Tagen wurde ein vorübergehender Bauer stutzig, weil er hörte, wie das Vieh brüllte und der Hofhund unaufhörlich bellte. Mit Gewalt verschaffte er sich Einlass, durchsuchte das Haus und fand die Bauersleute erschlagen auf dem Bett. Die sofort verständigte Polizei machte sich auf die Suche nach dem Mörder.

Eine eher zufällige Begegnung wurde dabei zu einer großen Hilfe. Bei einer Tanzveranstaltung in der Nähe von Lichtenfels fiel einem aufmerksamen Burschen ein Unbekannter auf, der Blutspritzer auf seinem Hemd hatte. Er informierte die Polizei, und Nikolaus konnte verhaftet werden. Das Urteil, das über ihn verhängt wurde, lautete: Tod durch das Rad. Es wurde an der Mitwitzer Richtstätte vollzogen. Sein Kopf wurde an einer langen Stange aufgespießt.

Adresse Coburger Straße, 96268 Mitwitz | Anfahrt A73, Ausfahrt Ebersdorf bei Coburg, auf der B303 Richtung Ebersdorf-Sonnefeld, nach etwa 16,5 Kilometern links auf St2108 Richtung Mitwitz, nach etwa 5 Kilometern Richtstätte am Ufer der Steinach, 400 Meter vor Mitwitz | Öffnungszeiten immer zugänglich | Tipp Nicht allzu weit entfernt ist die Veste Coburg, eine mittelalterliche Festungsanlage, die immer noch sehr gut erhalten ist.

65 Der steinerne Löwe

Tierisch steinig

Wenn man Mitwitz in Richtung Coburg verlässt, dann sieht man etwa 200 Meter nach dem Ortsausgang links oben am Berg einen Löwen. Aber keine Angst, es ist kein echter, und er beißt auch nicht. Er ist aus Sandstein gehauen und thront schon viele Jahre am Mitwitzer Berg. Die Geschichte des Löwen reicht mehr als 100 Jahre zurück und begann Ende des 19. Jahrhunderts.

Der Reichsrat Ludwig Freiherr von Würtzburg war nicht nur ein reicher, sondern auch ein in der Gemeinde wichtiger Mann. Ihm und seiner Familie gehörten unter anderem das Mitwitzer Wasserschloss und das Obere Schloss. Seine geliebte Mutter, Baronin Annie von Würtzburg, war gerade gestorben. Mit ihrem Mann Philipp Hartmann Veit von Würtzburg hatte sie zuletzt in Bamberg gelebt. Der Sohn holte ihren Leichnam nach Mitwitz zurück, um sie dort zu begraben. Der Sarg wurde auf einem Pferdefuhrwerk transportiert, und die trauernden Gemeindemitglieder warteten am Ortseingang auf das Gespann, um sich ihm anzuschließen und die Baronin auf ihrem letzten Weg zum Friedhof zu begleiten.

Bei Annie von Würtzburg handelte es sich um eine gebürtige Engländerin, die mit Mädchennamen Lyons hieß. Der Name leitet sich vom mittelenglischen Wort »lyon« für »Löwe« ab. Ludwig musste oft an seine Mutter denken, sie war eine besonders liebevolle und auch bildhübsche Frau gewesen. Als er selbst älter wurde, beschloss er, ihr ein Denkmal zu widmen. Er beauftragte einen Mitwitzer Maurermeister, einen Löwen aus Stein zu erschaffen, der den Namen seiner Mutter versinnbildlichen sollte. Den Platz für den Erinnerungsstein fand Ludwig an der Stelle, wo die Gemeinde auf den Leichenwagen gewartet hatte. 1907 war der Löwe fertig, und sechs kräftige Männer zogen ihn mit Hilfe von Seilen mühevoll den Berg hoch, wo er heute noch steht. Ein Löwe ziert auch das Familienwappen, das am Grabmal angebracht wurde.

Adresse Coburger Straße, 96268 Mitwitz | **Anfahrt** A73, Ausfahrt Ebersdorf bei Coburg, auf der B303 Richtung Ebersdorf-Sonnefeld, nach etwa 16,5 Kilometern links auf St2108 Richtung Mitwitz, nach etwa 5 Kilometern Denkmal auf der linken Seite | **Öffnungszeiten** immer zugänglich | **Tipp** Das Meeresaquarium Sonneberg ist einen Besuch wert. Dort findet sich neben Aquarien mit vielerlei Meeresbewohnern auch ein Haifischbecken.

66 Das Brauhaus

Hopfen und Malz

1454 erhielt Naila von Markgraf Johann IV. von Brandenburg das Braurecht. Auch der Bergbau erlebte um 1477 eine Blütezeit, und die Stadt zog immer mehr Arbeiter von außerhalb an, die alle gut versorgt sein wollten. So griff ein Rädchen ins andere. Die Metzger, die noch selbst schlachteten, gaben die Felle der Tiere an die Gerber weiter. Diese bearbeiteten sie, und der Nächste in der Kette war dann der Schuster. Er fertigte Schuhe und andere Lederwaren an. Jetzt fehlte nur noch ein gutes Bier.

Auch hier war der Bergbau indirekter Unterstützer. Das Wasser aus den Bergwerksschächten war von hoher Qualität, da es weder über Wiesen noch durch Wälder geflossen war, und konnte zum Brauen genutzt werden. Überlieferungen zufolge war es die Aufgabe der Frauen, das Wasser vom Schacht zum Brauhaus zu transportieren. Nach dem Brauvorgang musste das Bier kühl gelagert werden. Da es besonders in den Sommermonaten wenige kühlende Orte gab, wurden extra für diesen Zweck Keller in die vorhandenen Felsen geschlagen. Diese Räume sind heute noch vorhanden, werden nun jedoch von Privatleuten als Abstellräume genutzt.

Das Bier war sehr beliebt, und immer mehr Einwohner begannen damit, selbst Bier herzustellen. Im Laufe der Zeit arbeiteten die Brauer immer mehr zusammen und gründeten eine Kommunbrauerei, an der über 80 kleine Betriebe beteiligt waren. 1928 übernahm Andreas Wohn die Kommunbraurechte und taufte das neue Unternehmen »Bürgerbräu«. Nach mehreren Besitzerwechseln wurde das junge Unternehmen MetaBrewSociety GmbH auf Naila aufmerksam und kaufte die Brauerei, die immer noch aktiv ist.

Gegenüber dem ursprünglichen Brauhaus in der Braugasse befand sich einst ein Gefängnis. Da das Gebäude mit der Zeit immer instabiler wurde, gelang den Sträflingen eines Tages die Flucht. Ob das gute Bier das Lockmittel war, konnte nie geklärt werden.

Adresse Braugasse, 95119 Naila | Anfahrt A9, Ausfahrt Naila/Selbitz, auf der B173 nach Naila, 5,8 Kilometer Richtung Bad Steben, der Selbitztalstraße folgen, am Bahnhof links, am Ende rechts und gleich wieder links | Öffnungszeiten Privatbesitz, nur von außen zu besichtigen | Tipp Auch die Hugenotten haben in Naila ihre Spuren hinterlassen. Die Gebäude in der Karlstraße zeugen teilweise noch von ihrer Existenz.

67_Der Fluchtballon

Vom Himmel hoch …

1979 blickte ganz Deutschland auf Naila. In der Nacht vom 15. auf den 16. September gelang zwei Familien die Flucht aus der DDR in den Westen. Peter Strelzyk und Günter Wetzel, die Arbeitskollegen waren, haben ihr Vorhaben gemeinsam mit ihren Familien akribisch geplant. Bereits Monate vorher besorgten sie sich heimlich das notwendige Material. Versteckt vor der Nachbarschaft bauten sie unermüdlich an einem Ballon, bis das Fluchtgerät funktionstüchtig war. Der Ballon hatte eine Höhe von 28 Metern und war 20 Meter breit. Die quadratische Gondel hatte eine Seitenlänge von 1,4 Metern. Mit diesem heimlich gebastelten Heißluftballon fuhren sie also in einer waghalsigen Aktion in jener denkwürdigen Nacht über die Grenze in die BRD. Als sie am Boden ankamen, war ihnen nicht ganz klar, ob ihre Flucht geglückt war oder ob sie sich noch immer im Osten befanden. Sie kletterten aus dem Korb und suchten nach einem Hinweis, der ihnen sagte, wo sie sich aufhielten. In einer Scheune fanden sie Landwirtschaftsfahrzeuge, die westliche Kennzeichen hatten. In dem Moment wussten sie: Wir haben es geschafft.

Der Landeplatz liegt in der Nähe von Naila, in Dreigrün-Finkenflug, wo er auch ausgeschildert ist. In den Medien wurde damals ausführlich davon berichtet, es war eine der spektakulärsten Fluchtaktionen, die es je gegeben hatte.

Eine ältere Frau, die den Ballon während des Fluges gesehen hatte, lief schreiend auf die Straße und verkündete laut, dass sie am Himmel den Teufel fliegen gesehen hätte. Andere waren der Meinung, dass nun die Welt untergehen würde. Die Nachricht sprach sich sehr schnell herum. Es gab einen großen Tumult in den nahe gelegenen Ortschaften, und alle warteten sehnsüchtig auf eine Mitteilung aus dem Radio. In dem 1982 gezeigten Spielfilm »Mit dem Wind nach Westen« wird die Ballonflucht ausführlich beschrieben.

Adresse Dreigrün, 95119 Naila | **Anfahrt** A9, Ausfahrt Naila/Selbitz, auf der B173 Richtung Naila/Kronach, links nach Lippertsgrün abbiegen, dort der Beschilderung nach Christusgrün folgen, 950 Meter nach dem Ortsende parken und in die östliche Richtung laufen | **Öffnungszeiten** immer zugänglich | **Tipp** Um wilde Rehe und Hirsche zu sehen, lohnt sich ein Ausflug in das Wildgehege in Pechreuth.

68 Die Marmorbrücke

Aus dem Steinbruch ins Zuchthaus

Eine Stadt in Oberfranken mit fünf Buchstaben? Wer kennt die Frage aus den Kreuzworträtseln nicht.

Aber Naila verdient mehr, als nur in Ratespielen genannt zu werden. Die Stadt kann unter anderem auf eine reiche Vergangenheit zurückblicken, in der die Marmorverarbeitung eine große Rolle spielte. Zwar gab es weder in Naila noch in der näheren Umgebung einen Marmorbruch, dafür lieferte der in Horwagen, einem kleinen Ort, der zu Bad Steben gehört, den begehrten Marmor zur weiteren Verarbeitung.

Zunächst gibt es die Marmorbrücke an der Hofer Straße. Diese wurde bereits 1768 unter Markgraf Friedrich erbaut. Im Laufe der Zeit musste der Flusslauf der Selbitz jedoch verändert werden, bedingt durch das benötigte Wasser für den Erzabbau, und die drei Bögen, die die Brücke ursprünglich hatte, verloren ihren Sinn. 1912, nach 144 Jahren, wurde die Brücke komplett erneuert. Und schon 80 Jahre später gab es eine weitere Veränderung. Inzwischen war der Verkehr stark angestiegen, und die Tragfähigkeit der Brücke hatte ihre Grenzen beinahe erreicht. Die beiden Tafeln, die an der linken Seite der Brücke angebracht sind, erzählen von der Geschichte des Baudenkmals.

Folgt man der Hofer Straße von der Brücke aus weiter in Richtung Krankenhaus, zweigt nach einigen Metern rechts der Marmorweg ab. Dieser führt direkt zur Marmormühle. Das Gebäude ist das älteste in Naila und wurde 1625 errichtet. Hier befand sich zunächst eine Werkmühle, die das Wasser aus den Bergwerksschächten beförderte, 1733 zur Schneidemühle für den Marmor umfunktioniert wurde und heute ein Sägewerk ist. Der Name Marmormühle blieb erhalten. Hier wurde der Marmor geschnitten, danach wurde er ins Zuchthaus nach Bayreuth verbracht, wo er von den dort inhaftierten Sträflingen zu Fenstersimsen, kleinen Platten, Tafeln und weiteren Produkten verarbeitet wurde.

Adresse Hofer Straße (auf Höhe der Hausnummer 31), 95119 Naila | Anfahrt A9, Ausfahrt Naila/Selbitz, auf der B173 nach Naila, 5,8 Kilometer Richtung Bad Steben, nach 500 Metern links in die Hofer Straße | Öffnungszeiten immer zugänglich | Tipp Der Bahnhof in Naila verfügt noch über ein altes Stellwerk, das in den dortigen Räumlichkeiten ausgestellt ist. Zudem lässt sich die Gesteinsentwicklung an dem Felsen, der den Gleisen gegenüberliegt, ablesen.

69 Die Schuhfabrik Klöber

Als die Schuhe laufen lernten

Das Schuhmacherhandwerk zählt zu den bedeutendsten alteingesessenen Handwerken in Naila. Die einheimischen Rot- und Weißgerber waren in der Lage, das für die Schuhherstellung notwendige Leder zu liefern, und so begannen in Naila bereits lange vor dem Dreißigjährigen Krieg die ersten Schuster mit der Fertigung von Schuhen. 1652 wurde eine Schuhmacherzunft gegründet, und 1849 gab es den ersten Schuhmacherverein. In der Anfangszeit wurden mehrheitlich Arbeitsschuhe und Stiefel produziert, die auch auf den Märkten in Kronach, Sachsen und Thüringen verkauft wurden.

Albin Klöber, einer der Pioniere der Schuhherstellung, wurde 1857 in Oelsnitz im Vogtland geboren. Bereits im Alter von 24 Jahren fasste er den Plan, das Schusterhandwerk in Naila auszubauen. Ihm war bewusst, dass der Verkauf auf den teilweise weit entfernt liegenden Märkten den Schuhmachern viel Zeit raubte. Bald begann er daher, mit den Schustern aus Naila zusammenzuarbeiten. Damit die Schuster weiterhin ihrem Handwerk nachgehen konnten, kümmerte sich Klöber um den Verkauf der Waren. Im nächsten Schritt baute Klöber in Naila eine Schuhfabrik auf und stattete das Werk mit elektronischen Maschinen aus. Die ehemaligen Schuster wurden nun zu Mitarbeitern im Unternehmen und hatten somit eine regelmäßige Einnahmequelle. Auch dieser Schritt war von Erfolg gekrönt.

Klöber richtete sein Augenmerk aber nicht nur auf die Umsätze. Er erkannte den Wert und die Bedeutung seiner Mitarbeiter und baute eigens für sie Wohnungen. Zudem bot er allen eine firmeneigene Betriebskrankenkasse und gründete auch eine Rentenversicherung, damit die Angestellten nicht nur im Krankheitsfall gut versorgt waren, sondern auch dann ein Einkommen erhielten, wenn sie aus dem Unternehmen ausschieden. 1991 musste das Unternehmen Insolvenz anmelden, und somit war das Ende der Fabrik unwiderruflich besiegelt.

Adresse Anger, 95119 Naila | **Anfahrt** A9, Ausfahrt Naila/Selbitz, auf der B173 nach Naila, 5,8 Kilometer Richtung Bad Steben, der Selbitztalstraße folgen, nach 1,5 Kilometern links in den Anger | **Öffnungszeiten** ehemaliges Fabrikgebäude nur von außen zu besichtigen | **Tipp** Vom Leithenweg, der an der Hofer Straße mündet, führt ein schmaler Pfad Richtung Krankenhaus. An diesem befindet sich ein noch sichtbares Mundloch, in dem immer noch ein Zwerg wohnen soll.

70 Das Dampflokomotiv-Museum

Die Giganten der Schienen

1977 kam das Aus für die Dampflokomotiven, die 142 Jahre lang schnaubend und rauchend zahlreiche Menschen und Güter über die Gleise transportiert hatten. Der Unternehmer Günter Knauß wollte jedoch nicht tatenlos zusehen, wie die »schwarzen Giganten der Schienen« irgendwo zum Verrotten abgestellt wurden. Kurzerhand kaufte er der Deutschen Bahn einige Exemplare ab und fand mit der Unterstützung der Gemeinde Neuenmarkt einen geeigneten Platz für die Riesen. Das war die Geburtsstunde des Deutschen Dampflokomotiv-Museums in Neuenmarkt, das bereits am 22. Mai 1977 eröffnet werden konnte.

Sehr schnell zog das Museum viele an der Bahngeschichte interessierte Besucher an, und schon bald wurde ein Zweckverband gegründet, durch den die Möglichkeit bestand, weitere Exponate zu kaufen und das Museum mit mehr Mitarbeitern auszustatten. Auch am Museum selbst gab es seither immer wieder Anbauten, Umbauten und Neubauten.

Auf etwa 100.000 Quadratmetern kann man hier die »Schätzchen« aus alten Tagen bewundern: Modelleisenbahnen, Ringlokschuppen und immer noch funktionierende Dampf-, Wasser- und Kohlekräne. Im neu errichteten Depot und im 15-ständigen Ringlokschuppen mit der zugehörigen funktionsfähigen Segmentdrehscheibe sind mehr als 30 Dampflokomotiven ausgestellt. Darunter befinden sich teils einzigartige Lokomotiven und Schienenfahrzeuge.

Noch ein Punkt, der das Museum zu einer beliebten Einrichtung macht, ist die Nähe zum ebenfalls sehr lehrreichen Wanderpfad »Schiefe Ebene« (siehe Ort 71). Wer ihn nach dem Museumsbesuch beschreitet, kann sich seinen Gedanken hingeben und sich vorstellen, wie es wohl war, als die alte schwarze Dampfeisenbahn noch den steilen Berg hinaufschnaubte oder wieder hinuntersauste.

Adresse Birkenstraße 5, 95339 Neuenmarkt, www.dampflokmuseum.de | Anfahrt A9, Ausfahrt Himmelkron, auf der B303 Richtung Stadtsteinach, nach 6,3 Kilometern links nach Neuenmarkt, der Hauptstraße und der Straße Rathausmarkt folgen, dann rechts in die Birkenstraße | Öffnungszeiten Di–So 10–17 Uhr | Tipp In Neuenmarkt wurden von der Bahn zwei sehr schöne Kirchen erbaut: eine für die evangelischen und eine für die katholischen Einwohner.

71 Die Schiefe Ebene

Hoch hinaus und steil bergab

Eine Eisenbahnlinie von Lindau quer durch Bayern bis nach Hof war der Traum König von Ludwig I. Dabei gab es eine große Hürde zu überwinden: das Teilstück zwischen Neuenmarkt und Marktschorgast. Hier musste eine Steigung von 25 Promille bei einem Höhenunterschied von 158 Metern bezwungen werden. Motivierte Ingenieure machten sich an die Arbeit und fanden die Lösung: Um die Trasse an den Seitentälern und Steinhängen auf einer Länge von 1.400 Metern zu sichern, wurden Steindämme entworfen, die bis zu 32 Meter hoch waren. Zusätzlich waren noch drei Straßenbrücken und zehn Bahnbrücken notwendig, um eine sichere Fahrt zu gewährleisten. In der Bauzeit zwischen 1844 und 1848 wurde die sogenannte »Schiefe Ebene« fertiggestellt. Und getauft wurde das Teilstück der Verbindung Bayern–Sachsen »Ludwig-Süd-Nord-Bahn«.

Aber auch an die Lokomotiven wurden große Anforderungen gestellt, damit diese die schweren Lasten auch ziehen konnten. Hierbei warf man einen Blick nach Amerika und holte sich dort Anregungen. Letztendlich entschied man sich für Schlepptenderlokomotiven, die einen verkürzten Tender mit kurz hintereinander angeordneten Radsätzen aufweisen.

Um einen reibungslosen Zugverkehr auf der Strecke zu garantieren, wurde 1892 eine Zwischenblockstelle eingerichtet. Wenn ein Zug, der bergan ankam, den Block passierte, stellte der Wärter das Zeichen auf Halt. Der bereits in Neumarkt wartende Zug konnte dann schon abfahren. Damals benötigte ein Güterzug für die Bewältigung des Höhenunterschieds eine halbe Stunde. Durch diese Neuerung war eine wesentlich bessere Nutzung der Schienen und somit ein schnellerer Gütertransport auf der Strecke möglich.

Heute führt ein acht Kilometer langer Lehrpfad entlang der Schiefen Ebene. Viele Schautafeln erzählen die Geschichte der Strecke nach und machen auch auf kunstgeschichtliche Besonderheiten aufmerksam.

Adresse Naturlehrpfad Schiefe Ebene, Start beim Deutschen Dampflokomotiv-Museum, Birkenstraße 5, 95339 Neuenmarkt | **Anfahrt** A9, Ausfahrt Himmelkron, auf der B303 Richtung Stadtsteinach, nach 6,3 Kilometern links nach Neuenmarkt, der Hauptstraße und der Straße Rathausmarkt folgen und rechts in die Birkenstraße | **Öffnungszeiten** immer zugänglich | **Tipp** Marktschorgast verfügt über einen historischen Marktplatz, der einen Ausflug wert ist.

72 Das Klöppelmuseum

Spitze Spitzen

Das Klöppeln ist eigentlich ganz einfach: Fäden werden verdreht, gekreuzt, verknüpft und verschlungen. Und schon hat man Spitzen geschaffen. Tja, aber die Praxis sieht doch etwas anders aus: Klöppeln ist die Kunst, feinste Spitzenstoffe herzustellen. Und es ist wirklich eine Kunst! In Nordhalben im Frankenwald gibt es sogar ein ganzes Museum, das sich ausführlich mit dieser speziellen Handarbeit beschäftigt. Dort werden auch Kurse angeboten, um sie zu erlernen.

Die ältesten Hinweise führen in das 16. Jahrhundert und nach Italien, aber auch vom Erzgebirge in Deutschland ist bekannt, dass dort bereits zu jener Zeit geklöppelt wurde. Im Laufe der Jahrhunderte verbreitete sich diese besondere Kunst in fast ganz Europa, und Brüssel hat sich diesbezüglich in der Zeit des Barocks einen bedeutenden Namen gemacht. Brüsseler Spitze ist weltberühmt.

In Nordhalben, das um 1900 eine arme Gemeinde war, wohnte ein aus Plauen stammender Gardinen- und Spitzenfabrikant. Unter aktiver Mithilfe des ansässigen Pfarrers wurde er zum Wohltäter des Ortes. Er führte die Heimarbeit für Frauen und Mädchen ein, damit sie die Familienkasse aufbessern konnten. Den neuen Mitarbeiterinnen wurde eine Lehrerin an die Seite gestellt, die sie in die Feinheiten des Handwerks einführte. So gab es 1903 den ersten Klöppelkurs in Nordhalben. Bis heute hat sich die Klöppelschule in der Marktgemeinde halten können. Sie ist mittlerweile zum kulturellen Aushängeschild der Region geworden.

Obwohl im 19. Jahrhundert die ersten Klöppelmaschinen erfunden wurden, ist die Handarbeit weiterhin von großer Bedeutung. Denn die Maschinen sind nicht perfekt, sie scheitern zum Beispiel an der Herstellung von kleinen runden Deckchen sowie an der Fertigung von komplexen Mustern. Im Klöppelmuseum sind dauerhaft kreative Werke ausgestellt, besonders solche mit der einmaligen Frankenwaldspitze.

Adresse Klöppelschule 4, 96365 Nordhalben, www.das-kloeppelmuseum.de | Anfahrt A9, Ausfahrt Naila/Selbitz, auf der B173 bis Straßdorf, Richtung Geroldsgrün/Nordhalben abbiegen, nach circa 6 Kilometern rechts Richtung Nordhalben, der St2198 folgen, im Kreisverkehr 3. Ausfahrt nach Nordhalben nehmen, entlang der Lobensteiner Straße, nach etwa einem Kilometer rechts in die Amlichstraße, nach 100 Metern links | Öffnungszeiten Fr 10–13 Uhr, Sa, So 14–17 Uhr | Tipp Im selben Gebäude befindet sich auch das historische Museum.

73 Die Ködeltalsperre

Wasser ist zum Waschen da

Die Trinkwassertalsperre Mauthaus, auch Ködeltalsperre genannt, ging als erste ihrer Art in Bayern in die Geschichte ein. Bereits um 1900 plante der Kronacher Bezirksamtmann Jakob Degen drei Talsperren im Frankenwald. Die von ihm in Auftrag gegebenen Entwürfe wurden jedoch zu seinen Lebzeiten aus Kostengründen nicht realisiert. Nach dem Ersten Weltkrieg wurden sie erneut diskutiert. 1950 gab es eine Wiederaufnahme des Projekts. Die Wahl des Standortes fiel auf Mauthaus, das den Planern ideal erschien. Die Gegend war damals schon wenig besiedelt, und ein zu 80 Prozent bewaldetes Niederschlagsgebiet erfüllte die Bedingungen optimal.

Bereits Anfang der 1960er Jahre wurde mit den Vorbereitungen begonnen. Hierzu mussten etwa 85 Hektar Wald gerodet werden, und man benötigte für den Bau auch eine entsprechende Infrastruktur. 1968 fiel der Startschuss für die Ausgrabungsarbeiten. Ein bis zu 60 Meter tiefes und 4,4 Kilometer langes Becken wurde ausgehoben, das über ein Fassungsvermögen von 20,7 Milliarden Liter verfügt. Am 21. Mai 1973 fand die offizielle Eröffnung statt, und die ersten Trinkwasserentnahmen gab es 1975.

Die Talsperre dient nicht allein zur Trinkwasserversorgung für Oberfranken, sondern auch zur Stromgewinnung aus Wasserkraft und als Hochwasserschutz. Jährlich werden etwa 12,6 Millionen Kubikmeter Wasser entnommen. Der 67 Meter hohe und 16 Stockwerke umfassende Entnahmeturm ragt weit aus dem Stausee heraus.

Die Talsperre ist jedoch nicht nur eine wasserwirtschaftlich betrachtet wertvolle Mehrzweckanlage, sondern sie hat auch für die Bevölkerung und für den Fremdenverkehr eine hohe Bedeutung. Auf Wanderer, Radfahrer und Inlineskater wartet hier ein zwölf Kilometer langer Rundwanderweg, der asphaltiert ist. Er ist zudem an einen Lehrpfad angebunden. Erst vor wenigen Jahren wurde auch der »Ködelblick« neu gestaltet.

Adresse an der St2702, 96365 Nordhalben | Anfahrt A9, Ausfahrt Naila, auf der B173 bis Straßdorf, Richtung Geroldsgrün/Nordhalben abbiegen, durch Geroldsgrün, der St2198 folgen und weiter auf der St2702 Richtung Steinwiesen, 5,2 Kilometer nach Neumühle rechts zum Parkplatz | Öffnungszeiten immer zugänglich | Tipp Am Schlossberg in Nordhalben befindet sich ein historischer Steinbruch mit einer interessanten Geschichte.

74 Die Rodachtalbahn

Blumenpflücken während der Fahrt erlaubt

Unter den vielen Bahnstrecken, die durch den Frankenwald führen, war die Strecke Kronach–Nordhalben, die auch als Rodachtalbahn bezeichnet wird, besonders schön. Sie war zwar nur eine Nebenbahn in Bayern, aber in früheren Zeiten durchaus wichtig. 1976 wurde zunächst der Personenverkehr eingestellt, 1994 kam auch für den Güterverkehr das Aus. Die Strecke wurde komplett stillgelegt, und die Schienen, die von Kronach nach Steinwiesen geführt hatten, wurden sehr schnell entfernt. Der freie Platz wurde genutzt, um einen Radweg zu bauen.

Aber da gab es den Verein der Eisenbahnfreunde Rodachtal, die sich mit dem Ende nicht abfinden wollten. Gemeinsam setzten sie sich für eine Wiederaufnahme des Bahnverkehrs auf dem verbleibenden Reststück Steinwiesen–Nordhalben ein. Denn in dieser malerischen und sehenswerten Strecke sahen sie eine besondere touristische Attraktion.

Ihr Einsatz hatte Erfolg, und seit 2007 gibt es wieder eine Verbindung, die zwischen Steinwiesen und dem Endbahnhof in Nordhalben verläuft. Die historischen Fahrten werden von zwei Schienenbussen aus dem Jahr 1959 übernommen, die in Mauthaus und Dürrenwaid einen kurzen Stopp einlegen, bevor die Fahrt in Nordhalben am 100 Meter unter dem Ort liegenden Bahnhof endet. Die Fahrt der »roten Brummer« erstreckt sich über elf Kilometer und überwindet dabei 300 Höhenmeter, wobei der letzte Teil der Strecke nach der Ködeltalsperre das steilste Stück darstellt. Die Fahrt gestaltet sich völlig entspannt, und Kinder dürfen währenddessen sogar dem Lokführer über die Schulter schauen.

Die Besonderheit des denkmalgeschützten Bahnhofs in Dürrenwaid ist, dass der Ort im Landkreis Hof liegt, das Bahnhofsgebäude aber zum Landkreis Kronach gehört. Der alte Bahnhof in Steinwiesen besteht aus einem schönen Ensemble mit Empfangsgebäude, Güterhalle und Lokschuppen und wurde unter Denkmalschutz gestellt.

Adresse Krögelsmühle 1, 96365 Nordhalben, www.rodachtalbahn.de | **Anfahrt** A9, Ausfahrt Naila, auf der B173 bis Straßdorf, Richtung Geroldsgrün/Nordhalben abbiegen, 6 Kilometer nach Geroldsgrün, rechts Richtung Nordhalben, circa 1,2 Kilometer auf der St2198, Bahnhof auf der rechten Seite | **Öffnungszeiten** Fahrplan siehe Website | **Tipp** Ein technisches Denkmal zum historischen Schieferbergbau ist in Lehesten zu bestaunen.

75 Die Schulmöbel

Eine Bank mit Tintenfass

Die Stoffelsmühle ist zwar nur noch eine Ruine, doch einst war hier eine Fabrik, die Schulmöbel herstellte. Auf vielen Tischen in Klassenzimmern waren die drei Buchstaben AMA eingraviert. Dahinter verbarg sich nichts anderes als der Firmenname des ehemaligen Möbelherstellers, der sein Werk in der Stoffelsmühle zwischen Geroldsgrün und Nordhalben hatte.

AMA war das Kürzel der Firma Albert und Menger. Heinrich Menger kaufte 1878 ein Sägewerk in Dürrenwaid. Sein 1874 geborener Sohn Albert, der den Besitz übernahm, wurde zu einem erfolgreichen Firmeninhaber. Bereits während der Schulzeit wurde er zur Fertigung von Schiefertafelrahmen eingesetzt, und sein Vater lernte ihn als Schlosser und Schmied an. Der sehr wissbegierige Albert bildete sich im Selbstunterricht in technischen Bereichen weiter. Nach seiner Militärzeit fertigte er Holzriemenscheiben und konnte innerhalb kurzer Zeit mehrere Arbeiter einstellen. 1907 kaufte er der Löwenbräu Naila ein Mühlenanwesen in der Stoffelsmühle ab, das sich bereits in einem sehr schlechten Zustand befand.

Nach dem Ersten Weltkrieg erlebte das Unternehmen einen Niedergang. Um das Geschäft wieder nach vorn zu bringen, richtete Menger eine Holzriemenschneidefabrik ein und nahm die Herstellung von Schemeln, Schulmöbeln und Bürostühlen auf. In einem neu errichteten Maschinenhaus erzeugte er durch Verbrennung von Holzabfällen mit einer Dampfmaschine den notwendigen Strom und nutzte in einer Turbinenanlage die Wasserkraft, um Nachtstrom zu gewinnen. Somit konnte sich das Werk autark versorgen.

Im Laufe der Zeit wurde aus der Stoffelsmühle eine kleine Ortschaft. Nach der Errichtung weiterer Fabrikgebäude konnte die Anzahl der Mitarbeiter bis 1938 auf 200 erhöht werden. In den Folgejahren gab es immer wieder Höhen und Tiefen, und im Jahr 2003 kam es dann zum endgültigen Aus. Albert Menger verstarb bereits 1950.

Adresse Stoffelsmühle, 96365 Nordhalben-Stoffelsmühle | Anfahrt A9, Ausfahrt Naila/ Selbitz, auf der B173 Richtung Naila/Kronach, bei Straßdorf Richtung Geroldsgrün/ Nordhalben, Stoffelsmühle hinter Dürrenwaid auf der rechten Seite | Öffnungszeiten nur von außen zu besichtigen | Tipp Der Prinzregent-Ludwig-von-Bayern-Rastplatz erinnert mit einer Tafel an den Besuch des Monarchen im Dürrenwaider Gebiet.

76 Der Bibelweg

Ein etwas anderer Weg durch die Stadt

Einmalig in Deutschland ist der ökumenische Bibelweg, der durch Oberkotzau führt. Die Gemeinde verfügt sowohl über eine katholische als auch über eine evangelische Kirche. Den Mitgliedern beider Konfessionen fiel irgendwann auf, dass es im Hofer Land relativ wenige religiöse Zeichen gibt, die öffentlich sichtbar sind. Sowohl im Kronacher als auch im Kulmbacher Landkreis stößt man hingegen auf vielerlei religiöse Wahrzeichen wie Wegkreuze oder Kapellen.

Um der Kirche insgesamt mehr Aufmerksamkeit zu schenken, wurde die Idee des Bibelwegs geboren, der durch Oberkotzau führen sollte. Damit sollte auch ein Zeichen für die gelungene ökumenische Zusammenarbeit gesetzt werden. Bürger beider Konfessionen trafen sich 2003 und suchten gemeinsam passende Bibelverse aus. Die Gestaltung der Steine wurde von verschiedenen Künstlern übernommen. Auf zwölf Stelen wurden Platten befestigt, in die jeweils ein Bibelvers eingetragen wurde. Jede dieser Stelen ist in Form, Farbe und Größe ein Unikat. Je nach Blickwinkel, Tageszeit, Wetter oder auch Jahreszeit erscheint jede Stele so unterschiedlich und einzigartig.

Bei der Aufstellung der einzelnen Steine, die auf einer Gesamtlänge von 1,2 Kilometern durch Oberkotzau führen, wurde darauf geachtet, die Plätze so zu wählen, dass auch eine Verbindung mit der Stadt erkennbar ist. Vor dem Rathaus, am Bahnhof, vor Geschäften und in Wohngebieten fanden die Exponate so ihre neue Heimat. Selbst die Saale wurde mit ihrem Uferweg einbezogen. Die Anzahl der Stelen konnte rasch erweitert werden, sodass nun auch Stelen vor dem Altenheim, dem Kindergarten oder dem Schloss zu finden sind. Sogar bis nach Hof strahlte diese Aktion aus.

Der Bibelweg kann an der Jakobuskirche am Marktplatz begonnen werden. Auf dem weiteren Weg gibt es zwischen der Saale und den Eisenbahnschienen eine Übersicht, die die weitere Route zeigt.

Adresse Marktplatz, 95145 Oberkotzau | **Anfahrt** A93, Ausfahrt Hof-Süd, 3 Kilometer auf der B15 bis zur Abfahrt Oberkotzau/Kautendorf, links in die Oberkotzauer Straße und etwa 3 Kilometer weiter, links in die Pfarrstraße und bis zum Marktplatz | **Öffnungszeiten** immer zugänglich | **Tipp** Die denkmalgeschützte Brücke in Oberkotzau ist eine der ältesten Dreibogenbrücken der Gegend.

77 Der Fernwehpark

Warum in die Ferne schweifen?

Ein besonderes Erlebnis für jeden, der von Fernweh geplagt wird, aber gerade keine Möglichkeit zum Verreisen hat, bietet der Fernwehpark in Oberkotzau, in dem viele Wunschreiseziele zu entdecken sind. Zwar gibt es dort keine Nachbauten von anderen Ländern, aber schon allein die Schilder mit den vielen Orts- und Straßennamen erwecken das Gefühl, sich an einem anderen Ort zu befinden.

Der Filmemacher Klaus Beer aus Hof drehte 1999 einen Film in Kanada. Während der Dreharbeiten wurde er auf den kleinen Ort Watson aufmerksam. Das Besondere an diesem Ort ist der »Sign Post Forest« (Wegweiserwald). Dort stehen eine Unmenge an Orts- und Straßenschildern aus aller Welt. Als er diesen Ort sah, packte ihn sofort die Begeisterung, und er nahm sich vor, nach seiner Rückkehr nach Deutschland in seiner Heimatstadt Hof etwas Ähnliches zu schaffen. Zwar hielt ihn anfangs jeder für verrückt, dennoch ließ er sich nicht von seinem Vorhaben abbringen. Von der Stadtverwaltung in Hof wurde Beer sofort unterstützt. Auf einem kleinen Rondell fanden die ersten Schilder ihren Platz. In kurzer Zeit wuchs der Park und musste schnell erweitert werden. Die Reihen wurden immer dichter, und mit der Zeit wurde es immer schwieriger, Platz für die neuen Schilder zu schaffen.

Nach 17 Jahren fiel die Entscheidung, mit dem gesamten Fernwehpark umzuziehen. Eine neue Heimat fand Beer mit seinen Schildern in Oberkotzau. Zeitgleich wurde dort der Summa-Park errichtet, der über zahlreiche Wohnmobilstellplätze und Sporteinrichtungen verfügt.

Der Fernwehpark wurde zur besonderen Attraktion in dieser Gegend, und Oberkotzau wurde weltweit bekannt. Im Park sind aber mittlerweile nicht nur lustige und kuriose Schilder zu finden, auf dem »Starwalk« können zudem Prominente ihre Handabdrücke hinterlassen. Jedoch nur diejenigen, die sich für hilfsbedürftige Menschen engagieren.

Adresse Fabrikstraße 11, 95145 Oberkotzau | Anfahrt A93, Ausfahrt Hof-Süd, 3 Kilometer auf der B15 bis zur Abfahrt Oberkotzau/Kautendorf, links in die Oberkotzauer Straße und etwa 3 Kilometer weiter, links in die Pfarrstraße, dann wieder links in die Fabrikstraße | Öffnungszeiten immer zugänglich | Tipp Ein vergnügliches Abenteuer erwartet die Besucher im Comicmuseum im Erika-Fuchs-Haus in Schwarzenbach an der Saale.

78 Die Steinachklamm

Wenn das Wasser den Stein formt

Eine der beeindruckendsten Naturschönheiten im Frankenwald stellt die Steinachklamm dar, die zwischen Stadtsteinach und Presseck zu finden ist. Bereits vor Tausenden von Jahren entstand dieses besondere Naturdenkmal. Der kleine Fluss Steinach bahnte sich durch das sehr harte vulkanische Felsgestein einen Weg und erweiterte ihn stetig.

Jedoch soll einer Sage nach nicht die Steinach allein das Tal gebildet haben. Es heißt, der Donnergott Thor sei ebenfalls daran beteiligt gewesen. Als der kleine Bach wieder einmal in den Himmel schaute und Thor dabei erblickte, wie er einem Gewitter hinterherjagte, rief er ihn angeblich zu Hilfe. Der Gott überlegte nicht lange und schleuderte seinen mächtigen Hammer gegen die Felswände, bis diese auseinanderbrachen und mit lautem Getöse Gestein freigaben. Jetzt hatte die Klamm einen Anfang gefunden, und die Steinach blieb unentwegt dabei, den Weg immer breiter zu machen. Sie gab erst auf, als ihr Wasserlauf so stark geworden war, dass er die auf der Strecke liegenden Wasserräder antreiben konnte. Thor hatte auch einen Waffenhammer errichtet, und unter den gewaltigen Schmiedehämmern wurde aus dem wertvollen Eisen der umliegenden Bergwerke Stahl für die Schwerter der Götter hergestellt.

Das Alter des nordostbayerischen Mittelgebirges wird auf 300 bis 330 Millionen Jahre geschätzt. Die Region zwischen Stadtsteinach und Hof wird als eine »bayerische Sonderentwicklung« bezeichnet. Charakteristisch sind hierfür exotisch gelöste Steine, die nur an einem einzigen Ort vorkommen.

Auf einer Wanderung durch das Steinachtal finden sich noch andere sehenswerte Orte, darunter der Steinachfelsen, der Forstmeistersprung, der Aussichtspunkt Kanzel und die mächtigen Felswände der Steinachklamm. Eine weitere Besonderheit ist die frühmittelalterliche Ringwallanlage Grünbürg über dem Steinachtal.

Adresse Wildensteiner Straße, 95355 Presseck | Anfahrt A9, Ausfahrt Himmelkron, auf der B303 nach Stadtsteinach, in Stadtsteinach Richtung Presseck, dort links in die Wildensteiner Straße und dieser bis zum Parkplatz Steinachklamm folgen | Öffnungszeiten immer zugänglich | Tipp In der Steinachklamm gab es einmal ein Till-Eulenspiegel-Museum. Das wurde geschlossen, aber eine Figur von Till Eulenspiegel steht noch da.

79 Das Schloss Heinersreuth

Ein hartherziger Verwalter

Das Schloss Heinersreuth wurde bereits im 15. Jahrhundert errichtet und ist seit 1820 im Privatbesitz der Familie von Lerchenfeld, die das Gebäude immer noch bewohnt. Neben dem imposanten Bau liegt außer dem Schlosspark auch noch ein Naturfriedhof. Bereits die Vorfahren der Familie von Lerchenfeld waren der Forstwirtschaft stark verbunden, und das hat sich bis in die heutige Zeit gehalten. Umliegende Wälder werden unter dem Einsatz modernster technischer Geräte gepflegt, und die Familie kümmert sich auch um die Neuzüchtung verschiedener Baumarten. Besondere Aufmerksamkeit gilt dabei der Douglasie. Das wohl bekannteste Familienmitglied ist Ludwig Freiherr von Lerchenfeld, der sich politisch und in der Kirche stark engagiert.

Bereits Ende des 17. Jahrhunderts zählte die Forstwirtschaft zu den wichtigsten Einnahmequellen, und die damalige Herrschaft stellte Jakob Siebenfreund, der als sehr hartherzig bekannt war, als Verwalter ein. Er war dafür verantwortlich, dass es weder zu Diebstählen noch zu wilden Rodungen in den Wäldern kam. Doch bald begann er damit, selbst heimlich Holz zu verkaufen, und schob die Schuld den armen Leuten zu. Auch hetzte er seine Hunde auf die Menschen, die diese anfielen und ihre Kleidung zerfetzten.

Nachdem Siebenfreund verstorben war, sollen wundersame Dinge geschehen sein. Als der Wagen mit dem Sarg auf den Friedhof fahren sollte, weigerten sich die Rappen, das Gefährt zu ziehen. Plötzlich war ein lautes, höhnisches Gelächter vom Schloss her zu hören. Alle blickten in diese Richtung und sahen Siebenfreund an einem Fenster stehen. Das Erschreckende war, dass sein Gesicht von Spinnweben überzogen war. Als der Sarg geöffnet wurde, fand man darin statt seiner nur einen Besen. Seit dieser Zeit soll er nachts unermüdlich durch die heimischen Wälder streifen. Zu erkennen ist er an seiner langen Fasanenfeder, die er am grünen Jägerhut trägt.

Adresse Heinersreuth 16, 95355 Presseck-Heinersreuth | Anfahrt A9, Ausfahrt Münchberg-Süd, Richtung Helmbrechts fahren, der Frankenstraße folgen, beim 2. Kreisverkehr 2. Ausfahrt nehmen und in die Luitpoldstraße abbiegen, nach 250 Metern halb rechts in die Pressecker Straße, der St2195 folgen, 2. Einfahrt nach Heinersreuth, 250 Meter geradeaus, dann links halten | Öffnungszeiten Schloss in Privatbesitz, Kontaktaufnahme über die Website www.lerchenfeld-heinersreuth.de | Tipp Im nahe gelegenen Presseck steht die älteste Kirche des Frankenwalds. Besonders sehenswert sind die kunstvollen Bilder, die biblische Geschichten erzählen und auch als »Bibel für Arme« bezeichnet werden.

80_Der Lehrfriedhof

Von Blumen und Bienen

Um die Artenvielfalt zu erhalten, gibt es zahlreiche Vorhaben. In Rugendorf, einer kleinen Gemeinde im Landkreis Kulmbach, wurde 2021 der erste deutsche ökologische Lehrfriedhof ins Leben gerufen. In enger Zusammenarbeit mit dem Landkreis Kulmbach, der Gemeinde Rugendorf und der evangelischen Kirchengemeinde wird das Projekt vorangetrieben. Dabei geht es nicht darum, einen makellos gemähten Gottesacker vorzuzeigen, sondern darum, an einem Ort der Ruhe, den Menschen häufig aufsuchen, auch den Tieren einen entsprechenden Lebensraum zu geben. Ein Friedhof bringt dafür ohnehin schon eine ganze Menge Voraussetzungen mit.

Der Rugendorfer Friedhof verfügt zum Beispiel über ein kleines Gießbecken, um den Besuchern die Grabpflege zu erleichtern. Aber auch für Tiere ist das ein wichtiger Platz, an dem sie ihren Durst löschen und baden können. Um es auch den Kleinsten zugänglich zu machen, wurde zusätzlich ein kleines Brett in das Gießbecken gelegt, über das sie mühelos hinein- und hinausmarschieren können. Zudem finden sich auf diesem außergewöhnlichen Friedhof Büsche, Hecken und Bäume, damit die Vögel an jeder Stelle brüten können.

Besonders wird darauf geachtet, dass sich Wildwuchs bilden kann, ein wichtiger und wertvoller Ort für Insekten. Die Wege zwischen den Gräbern wurden mit einem Untergrund aus Kieselsand versehen. Speziell Wildbienen nutzen diese Plätze, um ihre Niströhren zu graben. Und nicht zuletzt sind es alte Mauern oder kleine Nischen in Gebäuden, die sowohl der Pflanzenwelt als auch der Tierwelt einen erweiterten Lebensraum bieten.

Man kann schon fast sagen, dass dieser Friedhof Leben und Tod zusammenfügt. Verstorbene finden hier ihre Ruhe, und zugleich entsteht neues Leben in der Tier- und Pflanzenwelt.

Übrigens: Die Kirche, die 1550 erbaut wurde, ist wohl die älteste evangelische Kirche in der Region.

Adresse Mühlleite, 95365 Rugendorf | **Anfahrt** A9, Ausfahrt Himmelkron, auf der B303 Richtung Stadtsteinach/Kronach, nach etwa 21 Kilometern in Rugendorf links auf die Mühlleite abbiegen, Friedhof nach 200 Metern bei der Kirche | **Öffnungszeiten** tagsüber zugänglich | **Tipp** Das Restaurant »Berghof« in Wartenfels bietet Kochkurse an; der Schwerpunkt liegt auf der heimischen Küche.

81 Das Schloss

Adel und tatütata

Schauenstein gehört zu den ältesten Siedlungen im nordfränkischen Raum, die ersten Aufzeichnungen über den Ort gehen auf das Jahr 1017 zurück. Wegen der besonderen geografischen Lage war Schauenstein schon immer ein strategisch wichtiger Punkt, und bereits im Mittelalter wurde es »Vogtländisches Zion« genannt. Ein Höhepunkt in seiner Geschichte war das Jahr 1622. Damals wurde in Schauenstein eine von zwölf in Bayern ansässigen Kippermünzstätten gegründet. Sie befand sich in einer umgebauten Wassermühle.

Das heute noch besuchbare und für die unterschiedlichsten Veranstaltungen genutzte Schloss ist ein imposanter Hingucker. Der Zeitpunkt der Gründung lässt sich nicht mehr feststellen. Bekannt ist nur, dass der Obervogt Otto von Schauenstein die Anlage 1230 zu seinem Wohnort machte. 1291 verlieh er Schauenstein die Stadtrechte. In der Folgezeit erlebten das Schloss und die Stadt viele Veränderungen, mal waren es geplante Umbauten, aber auch Zerstörung und Feuer suchten die Gegend heim. Ab 1760 war das Schloss in Privatbesitz, bis es 1935 als Schenkung an die Stadt überging. Danach befand sich in den Gemäuern eine Schuhfabrik, dann beherbergte das Schloss einen Kindergarten, gab Flüchtlingen Schutz und wurde auch von Vereinen genutzt.

Heute findet man dort das Heimatmuseum sowie das 1988 eingeweihte Feuerwehrmuseum, außerdem werden hier musikalische Veranstaltungen organisiert. Die mit Sorgfalt ausgewählten Exponate im Feuerwehrmuseum decken die Geschichte der Feuerwehr von 1855 bis in die heutige Zeit ab.

Auf einem Felsen in der Parkanlage »Hoher Stein« am Schlossberg sitzt eine Jungfrau auf einem Felsen. Einer Sage nach wollte sie ihren Geliebten an dieser Stelle treffen. Die Zeit verging, aber von ihm war keine Spur zu sehen. Irgendwann ereilte sie die Botschaft vom Tod des Geliebten. Aus Trauer um ihn blieb sie so lange sitzen, bis sie selbst starb.

Adresse Schloßplatz 1, 95197 Schauenstein | Anfahrt A9, Ausfahrt Hof-West, auf der St2893 Richtung Leupoldsgrün/Schauenstein, nach etwa 8 Kilometern rechts nach Schauenstein, am Ende der Hofer Straße links in die Nailaer Straße, gleich wieder rechts in den Kirchweg, der Dr. Martin-Luther-Straße bis zum Schloßplatz folgen | Öffnungszeiten April–Okt. So 13.30–17 Uhr | Tipp Der »Schlafende Riese« ist eine Felsenformation, die auf dem Weg nach Volkmannsgrün zu finden ist.

82 Das Weberhaus

Stroh auf dem Dach

Das Weberei-Handwerk hielt vor allem im östlichen Frankenwald sehr früh Einzug. Anfänglich arbeiteten die Menschen von zu Hause aus und fertigten Stoffe für den eigenen Bedarf, doch im Laufe der Zeit entwickelte sich das Weben zu einem Gewerbe. Heimische Schafe und der selbst angebaute Flachs lieferten die Rohstoffe. Die Frankenwäldler erlernten das Handwerk von den Klosterschwestern, die es bereits seit Langem ausübten.

In späteren Jahren sorgten sogenannte Barchentwebereien dafür, dass sich der Lebensstandard der Menschen verbesserte. Barchent war ein Gewebe aus Leinen und Baumwolle. Händler kümmerten sich um die Lieferung der Rohstoffe, holten Aufträge ein und verkauften die Stoffe weiter. Aber auch schon in dieser Zeit machten den Webern Konkurrenten aus den Nachbarländern das Leben schwer. Die Arbeitstage der Lohnweber hatten oft 12 bis 16 Stunden. Pausen, die nötig waren, um neues Material zu besorgen, führten zu Verdienstausfällen. Dazu kamen schlechte Wohnverhältnisse und Lungenkrankheiten, ausgelöst durch den Garnstaub. Mit dem Ausbau der mechanischen Weberei verlagerte sich die Produktionen immer mehr in die neu entstandenen Fabriken.

Mittlerweile gibt es kaum noch Weberhäuschen im Frankenwald. Ein erhaltenes hat sich jedoch zu einer Besonderheit entwickelt. Im Weberhaus in Neudorf lebte der letzte Handweber im Frankenwald, der 1964 verstarb. Da das Haus, dessen Alter auf mehr als 300 Jahre geschätzt wird, in seinem ursprünglichen Zustand vom Eigentümer hinterlassen wurde, konnte es zum Museum umgestaltet werden. Bei den notwendigen Restaurierungsarbeiten wurde sehr darauf geachtet, nichts Modernes anzubringen; die Einrichtung konnte von Weberfamilien übernommen werden.

Am 2. November 1972 wurde das Museum eröffnet, und für diesen Anlass wurde im Gasthof ein echtes Weberessen gereicht: Brotsuppe, eingemachte Heringe und ganze Kartoffeln.

Adresse Neudorf 27, 95197 Schauenstein-Neudorf | **Anfahrt** A9, Ausfahrt Hof-West, Richtung Leupoldsgrün, der Straße 3,5 Kilometer folgen, links nach Neudorf abbiegen und 400 Meter weiterfahren | **Öffnungszeiten** So 13–18 Uhr | **Tipp** Durch Münchberg führt ein historischer Weg, der die Stadtgeschichte lebendig beschreibt.

83__Der Georg-Hüttner-Platz

Vom Kürschner zum Dirigenten

Der Musiker und Dirigent Georg Hüttner wurde 1861 als Sohn eines Kürschnermeisters in Schwarzenbach am Wald geboren. Bereits in jungen Jahren zeigte sich seine musikalische Begabung. Er musste jedoch zunächst auf Drängen seines Vaters das Handwerk des Kürschners erlernen. Mit 16 Jahren besuchte er in Hof ein Konzert der damals bekannten Kapelle Schaarschmidt und war so begeistert, dass er beschloss, die Musikerlaufbahn einzuschlagen.

Er nahm Unterricht bei der Kapelle und wurde sehr schnell als Mitglied aufgenommen. Nach drei Jahren verließ er das Orchester und nahm eine Stelle als erster Geiger bei einer Militärkapelle an. Mit 23 Jahren erhielt er das Angebot, die Kurkapelle in Hohenstein-Ernstthal zu leiten, wurde 1887 zum Dirigenten des Orchestervereins in Dortmund und gründete 1893 die sogenannte »Hüttnersche Kapelle«, aus der 1896 das »Philharmonische Orchester Dortmund« hervorging. 1901 gründete er das Hüttner-Konservatorium, 1907 wurde er zum Königlichen Musikdirektor ernannt.

Während seiner Laufbahn förderte er zeitgenössische Komponisten wie Brahms, Grieg und Richard Strauss und lud häufig erstklassige Solisten zu Aufführungen seiner Sinfonien ein. Einer von ihnen war Henri Marteau, mit dem sich eine enge Freundschaft entwickelte. Beide verehrten Max Reger und wurden zu Hauptinitiatoren des Regerfestes in Dortmund. In Lichtenberg erwarb Hüttner ein Urlaubsdomizil und schwärmte Marteau von seiner »Villa Klein-Lichtenberg« vor. Als beide dort einen Urlaub verbrachten, gingen sie auf ein Bier in die »Harmonie«. Dort saß auch Hans Wolfrum, ein Verwandter des ebenfalls aus Schwarzenbach stammenden Musikers Philipp Wolfrum. An diesem Abend entschied Marteau, ebenfalls ein Haus in Lichtenberg zu kaufen. Er wurde der Nachbar von Hüttner.

Hüttner starb 1919, und in Schwarzenbach am Wald wurde ein Platz nach ihm benannt.

Adresse Georg-Hüttner-Platz, 95131 Schwarzenbach am Wald | Anfahrt A9, Ausfahrt Naila/Selbitz, auf der B173 Richtung Naila/Kronach, bei Straßdorf Richtung Schwarzenbach am Wald, nach dem Ortseingang nach etwa 200 Metern rechts | Öffnungszeiten immer zugänglich | Tipp Ein Vergnügen für Jung und Alt ist ein Besuch im Hallenbad in Schwarzenbach am Wald.

84 Der Kohlenmeiler

Wohnort Wald

Die Zeiten waren hart, das Klima war rau, und die Arbeit brachte nicht viel Lohn. Die Menschen hatten es früher schwer, sich gut und sicher zu versorgen. Einfallsreiche Einwohner gebaren dann irgendwann die Idee, mit den wenigen Mitteln, die ihnen zur Verfügung standen, aus dem sie umgebenden Holz etwas Sinnvolles zu machen. Und so wurde der Kohlenmeiler entwickelt. Er wurde zu einem unverzichtbaren Wirtschaftszweig, der vielen Bürgern einen ordentlichen Verdienst garantierte.

Über mehrere Jahrhunderte hinweg wurde im Frankenwald bis Anfang des 19. Jahrhunderts Holzkohle in den sogenannten Kohlenmeilern hergestellt. Die Holzkohle war für Schmiede, Hochöfen und Hammerwerke ein dringend notwendiges Material, um hohe Temperaturen erzeugen zu können. Oft lagen solche Stätten jahrelang unberührt im Wald, wenn gerade keine Kohle erzeugt wurde. Mancherorts wanderten die Köhler auch in der Gegend umher, von Meiler zu Meiler. Sogenannte »Winkelköhlereien« entstanden oft auf privatem Grund, auf dem gefreveltes Holz verbrannt wurde.

Im Thiemitztal existiert noch einer von ehemals circa 800 Kohlenmeilern. Bis 2006 war er noch in privater Hand, stellte dann jedoch seinen Betrieb ebenfalls ein. Industriell konnte Holzkohle günstiger und effektiver hergestellt werden.

Damit dieses historisch wertvolle und außergewöhnliche Handwerk erhalten bleibt, übernahm 2010 der Frankenwaldverein den Meiler. Seither wird mehrmals im Jahr mit einem großen Fest und einer Andacht das Brennen der Holzkohle zelebriert. Dabei sind Köhler in ihren historischen Gewändern vor Ort. Sie beherrschen es noch immer, den bedeckten Holzhaufen ordnungsgemäß aufzubauen, schüren ihn und bewachen den brennenden Meiler dann mehrere Tage und Nächte. Besucher können an dem einzigartigen Schauspiel teilhaben und sich über die Geschichte und Tradition der Köhler informieren.

Adresse Thiemitz, 95131 Schwarzenbach am Wald | **Anfahrt** A9, Ausfahrt Naila/Selbitz, auf der B173 Richtung Kronach, hinter Schübelhammer rechts Richtung Bernstein am Wald, gleich wieder links und dem Straßenverlauf bis Thiemitz folgen | **Öffnungszeiten** immer zugänglich, Informationen zum Fest unter www.frankenwaldverein.de | **Tipp** Der vormals älteste Baum des Frankenwalds ist der »Großvater«. Er existiert zwar nicht mehr, aber eine Schautafel macht auf ihn aufmerksam, und vor einigen Jahren wurde ein neuer »Großvater« an derselben Stelle gepflanzt.

85 Der Skulpturenweg

Holzköpfe und andere Schnitzereien

Um die Umgebung von Schwarzenbach am Wald, einer Gemeinde, die am Fuß des Döbraberges liegt, besser zu Fuß als mit dem Auto kennenzulernen, wurde der Skulpturenweg geschaffen. »Entdecke deine Heimat« lautete das Motto von Wolfgang Lenz, der die Idee zum Pfad hatte. Der Ausgangspunkt befindet sich an der Schützenstraße. Hier beginnt der fünf Kilometer lange Rundwanderweg, der an 28 teils lebensgroßen Holzfiguren vorbeiführt. Zahlreiche Künstler aus der näheren Umgebung beteiligten sich an der Entstehung. Sie entwarfen die großen Figuren, und jede einzelne davon trägt ein Stück Heimatgeschichte in sich. Bereits am Anfang des Pfades zeigt ein hölzerner Wanderer die Richtung an.

Weitere aufwendig gesägte und geschnitzte Figuren verkörpern die unterschiedlichsten Berufe und Handwerke früherer Zeiten. Es waren die Schanzenbinder, die Jäger, die Bergmänner und die Hausweber, die damals die Wirtschaft am Leben hielten. Aber auch ein Holzfraala (Holzfrau) erinnert an die Zeiten, in denen die Menschen noch häufig im Wald unterwegs waren und am Boden liegendes Reisig einsammelten, um im Winter den Ofen in der Stube einheizen zu können.

Der Hämann, der den Bewohnern der Gegend einer Sage nach Angst und Schrecken einjagte, steht ebenso am Wegesrand wie einige Waldgeister. Und natürlich gehören auch einheimische Tiere wie Wildschweine, Eulen, Eichhörnchen und der Waldkauz dazu. Mehrere Künstler aus der näheren Umgebung von Schwarzenbach steuerten ihre Werke bei, und Holztafeln an den Figuren geben Aufschluss über sie.

Auf dem gesamten Weg finden sich immer wieder idyllische Plätze, die mit gemütlichen Bänken zum Verweilen einladen. Außerdem sorgen spektakuläre Aussichtspunkte für grandiose Weitblicke. Der Pfad endet in der Nähe des Metallverarbeitungsunternehmen Deuta. Von hier sind es dann noch 800 Meter zurück zum Ausgangspunkt.

Adresse Schützenstraße/Ecke Wasserhausweg, 95131 Schwarzenbach am Wald | Anfahrt A9, Ausfahrt Naila/Selbitz, auf der B173 bis Straßdorf, Richtung Schwarzenbach am Wald, dort nach 150 Metern links Richtung Döbra, nach 300 Metern rechts auf die Schützenstraße, am Schützenhaus parken | Öffnungszeiten immer zugänglich | Tipp Am Marktplatz befindet sich das Philipp-Wolfrum-Haus, das nach dem in Schwarzenbach geborenen Komponisten benannt wurde.

86 Der Stangenrutscher

Ein gelenkiger Löwe

Kurz bevor der kleine Bach Thiemitz in die wilde Rodach einmündet, stößt man auf eine steinerne Brücke. Über sie führte die einst sehr wichtige Altstraße von Kronach nach Hof, die das Hochstift Bamberg mit dem Markgrafentum Bayreuth-Kulmbach verband. Auf der vorderen Seite der einjochigen Brücke ist ein Grenzstein mit einem Bamberger Löwen eingemauert. Das Vorbild soll der Löwe gewesen sein, der im Wappen des Bischofs Weigand von Redwitz zu sehen ist.

Das kräftige Tier hält eine Stange, die über das linke Schulterblatt gezogen und zwischen dem hinteren linken Bein und der vorderen rechten Pranke eingespannt ist. Im Gegensatz zu dem wehrhaft und angriffslustig wirkenden Brückenlöwen liegt der ins Wappen an der Brücke gemeißelte bäuchlings auf einem schräg aufsteigenden Balken, wobei seine Beine seitlich herunterbaumeln. Das brachte ihm den passenden, aber respektlosen Namen »Bamberger Stangenrutscher« ein.

Bei der Erstellung lehnte sich ein anscheinend humoriger Steinmetz ziemlich weit aus dem Fenster. Zur Überraschung aller warf der Kirchenmann aus Bamberg, der der Auftraggeber des Wappens war, dem Künstler das Werk nicht achtlos vor die Füße. Er scheint eher ein humorvoller Mensch gewesen zu sein, denn die außergewöhnliche Darstellung schien ihm durchaus gefallen zu haben.

Dennoch sind beide Wappen Fehlinterpretationen. Das amtliche Wappen des Bamberger Bistums zeigt einen aufrecht schreitenden schwarzen Löwen mit roter Zunge und roten Krallen in einem goldenen Feld mit einer silbernen Schrägleiste. Diese Leiste diente lediglich als eindeutiges Unterscheidungsmerkmal gegenüber vielen anderen Wappenlöwen.

Die Wappen von der Thiemitzer Brücke fanden im Laufe der Zeit sehr viele Nachahmer. Im 17. Jahrhundert wurde der Stangenrutscher in Dienstsiegeln geradezu üblich und soll sich dort noch lange gehalten haben.

Adresse Thiemitz, 95131 Schwarzenbach am Wald | **Anfahrt** A9, Ausfahrt Naila/Selbitz, auf der B173 Richtung Kronach, hinter Schübelhammer Abfahrt nach Bernstein am Wald nehmen, dann gleich wieder links, Brücke geradeaus | **Öffnungszeiten** immer zugänglich | **Tipp** Um ein Gefühl für das schöne Rodachtal zu bekommen, lohnt sich ein ausgiebiger Spaziergang entlang des kleinen Flüsschens.

87 Das Bamberger Tor

Luther trifft Bischof

Durchquert man Bernstein am Wald von Osten nach Westen Richtung B173, erreicht man etwa 500 Meter nach dem Ortsausgang einen Felsdurchbruch, der etwas ganz Besonderes offenbart. Dieser Engpass wird als Bamberger Tor bezeichnet, das heute noch auf den ehemaligen Twist zwischen den Hohenzollern und den Bamberger Bischöfen hinweist.

Im Jahr 1523 schloss sich Georg von Hohenzollern Martin Luthers Reformation an und führte den »neuen Glauben« ein. Die Bamberger Bischöfe wollten diese Entwicklung aber nicht hinnehmen, und so kam es Mitte des 16. Jahrhunderts zum Markgrafenkrieg. Am Ende der Streitigkeiten wurden die Regionen neu aufgeteilt, und das Bamberger Tor bildete die Grenze. Alle Menschen östlich vom Bamberger Tor hingen fortan dem lutherischen Glauben an, die westliche Region blieb katholisch.

Noch vor dem Bamberger Tor führt ein kleiner Waldweg rechts nach oben. Wer diesem Pfad einige hundert Meter folgt, erreicht den auf der Höhe gelegenen sogenannten Galgenberg. Ob es dort jemals zu Hinrichtungen kam, ist nicht bekannt. Aber ein Geheimgang soll vom Galgenberg abwärts unter der Hauptstraße hindurch etwa 100 Meter in den Wald hineinführen. Im unteren Wald ist noch immer der Eingang einer Höhle zu sehen, die in der Vergangenheit sogar als Bierkeller einer Gastwirtschaft genutzt wurde.

Wenige Meter nach dem Bamberger Tor ist rechter Hand ein Steinbruch zu erkennen. An dieser Stelle lässt sich eine Geschichte, die mehrere hundert Millionen Jahre alt ist, »begreifen«: Das Geotop »Diabasbruch am Galgenberg« erschließt dunkle Diabase aus dem Oberdevon. Sie fanden Verwendung für Beton und als Rohmaterial zur Herstellung von Steinwolle. Gemahlen wurden sie als Mineraldünger benutzt. Eine Schautafel am Parkplatz des Steinbruchs gibt nähere Informationen zu den Gesteinen und zur vielfältigen Vegetation.

Adresse Romansfelsenstraße, 95131 Schwarzenbach am Wald-Bernstein am Wald | **Anfahrt** A9, Ausfahrt Naila/Selbitz, B173 Richtung Kronach, nach etwa 13,4 Kilometern bei Straßdorf rechts abbiegen Richtung Nordhalben/Geroldsgrün, gleich wieder rechts und dann links nach Bernstein, Bamberger Tor 500 Meter nach dem Ortsausgang Richtung Wallenfels | **Öffnungszeiten** immer zugänglich | **Tipp** Im nordwestlich gelegenen Breitengrund am Süßengutweg steht eine 900-jährige Eibe, einer der ältesten Bäume im Frankenwald.

88 Das Schlee-Schloss

Ja, so warns, die oiden Rittersleut

Verlässt man Bernstein fußläufig in Richtung Schübelhammer, kommt man fast direkt am Schlee-Schloss vorbei. Laut Aussagen der Geschichtsforscher wurde etwa 900 Meter westsüdwestlich der Ortsmitte von Bernstein am Wald im Hochmittelalter ein Fluchtturm gebaut, zu dem wahrscheinlich auch noch ein Wirtschaftsgebäude gehörte. Bauherren waren vermutlich die Grafen von Henneberg. Der Fluchtturm wurde auf einem Areal von etwa 81 Quadratmetern errichtet und war von zwei bogenförmigen Halsgräben geschützt, die nur mittels Zugbrücke zugänglich waren. Die Süd- und die Westseite wurden durch einen steil in das wilde Rodachtal abfallenden Hang vor Eindringlingen geschützt, an der Nordseite wurden zwei hintereinanderliegende Gräben angelegt. Dichter Baumbewuchs machte zudem ein Eindringen in die Anlage fast unmöglich. Nur so konnte zur damaligen Zeit die Sicherheit der Bewohner gewährleistet werden.

Als Bernstein im Dreißigjährigen Krieg um 1632/33 geplündert und angezündet wurde, wurde sicher auch der zum Fluchtturm gehörende Wirtschaftshof abgefackelt. Wann der Wiederaufbau erfolgte, wie lange die Bewirtschaftung möglich war und ob auch die Pest eine Rolle dabei spielte, lässt sich heute nicht mehr nachvollziehen.

Hartnäckig hält sich immer noch das Gerücht, dass es sich bei der Anlage um eine Raubritterburg gehandelt hat. Von dem beschriebenen Fluchtturm aus hatte man einen weiten Blick über das Tal. So konnten die Raubritter die reisenden Kaufleute, die von Bamberg kommend nach Hof unterwegs waren, bereits von Weitem ausmachen. Die dauerhafte Überwachung ermöglichte dann einen gut geplanten Überfall, der reiche Beute versprach.

1950 sollen noch Mauerreste gestanden sein. Zumindest wurden an der Stelle noch alte Scherben und Silberglimmware gefunden. Heute weisen nur noch ein paar Umrisse auf die Existenz der ehemaligen Burg hin.

Adresse 95131 Schwarzenbach am Wald-Bernstein am Wald | Anfahrt A9, Ausfahrt Naila/Selbitz, B173 Richtung Kronach, bei Straßdorf rechts Richtung Nordhalben abbiegen, gleich wieder rechts und dann links nach Bernstein, Bernstein bis zur Kirche durchqueren, dann zu Fuß weiter, kurz nach der Kirche links abbiegen, dem »Dorfgrund« etwa 800 Meter folgen | Öffnungszeiten immer zugänglich | Tipp Die östlich von Bernstein gelegene Viceburg ist ein Wanderheim des Frankenwaldvereins. Das Anwesen wurde bereits um 1720 als Behausung eines Schmieds erwähnt.

89 Die Bartholomäuskirche

Wenn die Glocken hell erklingen …

St. Bartholomäus ist die höchstgelegene Kirche in Nordbayern. Zum ersten Mal urkundlich erwähnt wurde sie bereits 1521. Plünderungen haben während des Dreißigjährigen Krieges sehr großen Schaden verursacht. Im Juli 1777 schlug ein Blitz in den Turm ein. Und in der Nacht vom 11. auf den 12. Juni 1867 kam es erneut zu einem Brand, der die Kirche größtenteils zerstörte. Die Verhandlungen über einen Neubau dauerten ewig. Die Bewohner wollten jedoch nicht auf ihre Gottesdienste verzichten, und so wurden diese im Sommer in der Ruine der Kirche abgehalten, im Winter zog die Gemeinde in die Schule um.

Auch die drei Glocken haben eine bewegte Geschichte. Zwei davon wurden während der Kriege eingeschmolzen, um Waffen daraus herzustellen. Nur eine Glocke blieb erhalten, und erst 1953 konnte das Ensemble wieder vervollständigt werden. Einmalig im Frankenwald ist ein besonderer Glockenschlag, den die Kirche zelebriert. 1594 ordnete Markgraf Georg Friedrich an, dass von allen Kirchen zur Mittagszeit ein Zeichen entsandt werden soll, um die Bevölkerung an ihre Gebetspflicht zu erinnern. So sollte Gottes Beistand gegen die Bedrohung der einfallenden Türken gesichert werden. Das Zeichen war ein dreimaliges Nachläuten der großen Glocke nach dem Mittagsläuten. Dieses wird noch heute als »Türkenschläge« bezeichnet und ist in Döbra weiterhin zu hören.

Bedrängnisse für die Gemeinde gab es in der Vergangenheit häufig. Grund dafür war, dass Döbra direkt auf der Grenze zwischen dem Bistum Bamberg und dem Gebiet der Markgrafen von Bayreuth liegt. Als der gregorianische Kalender eingeführt wurde, sollte Döbra diesen ebenfalls berücksichtigen. In Bayreuth blieb jedoch weiter der julianische Kalender bestehen. Döbra war nun verpflichtet, sich nach zwei Kalendern zu richten und hatte somit noch mehr Feiertage, an denen die Arbeit ruhen musste.

Adresse Kirchplatz 6, 95131 Schwarzenbach am Wald-Döbra | Anfahrt A9, Ausfahrt Naila/Selbitz, der B173 Richtung Kronach folgen, bei Naila links Richtung Marlesreuth, bis Döbra fahren, dort links auf die Helmbrechtser Straße, nach 200 Metern links in den Kirchweg | Öffnungszeiten täglich 9–17 Uhr | Tipp In Döbrastecken werden Lama-Wanderungen angeboten, die nach Absprache durchgeführt werden (Tel. 09289/964784, www.mitimino-lamas.de).

90__Der Döbraberg

Sportlich kugelrunde Amerikaner

Der Döbraberg gehört zum Frankenwald wie die Zugspitze zu den Alpen. Mit einer Höhe von 794,6 Metern bildet er die höchste Erhebung und überragt die gesamte Region.

Um noch etwas weiter nach oben zu kommen, wurde im Jahr 1902 der Prinz-Luitpold-Turm errichtet, der die Besucher mit einer Höhe von 18 Metern die 800-Meter-Grenze überschreiten lässt. Aus dieser Warte eröffnet sich ein atemberaubender und einmaliger Blick, der weit über die Grenzen des Frankenwalds bis ins Fichtelgebirge nach Thüringen reicht. Anfang der 1930er Jahre wurde ein weiterer Turm erbaut, der den Prinz-Luitpold-Turm sogar noch um einige Meter ausstach. Damals war geplant, den Turm als ein deutsches Wahrzeichen am Döbraberg stehen zu lassen. Doch mit dem Ende des Dritten Reiches entschloss man sich, diesen Turm ersatzlos wieder abzureißen.

Der Döbraberg weist noch eine weitere Besonderheit auf: 1961 wurde hier von der US Air Force eine Radarstation eingerichtet, die sich in drei extra dafür gebauten überdimensionierten »Kugeln« befand. 1974 übernahm dann die Bundeswehr die Anlage, die jedoch 2013 aufgelöst wurde und somit ihre Bedeutung verlor. Sie wird nur noch zur Luftraumüberwachung benutzt. Von den drei »Kugeln« befindet sich noch eine am Berg.

Der Döbraberg ist gut zu Fuß zu erreichen, mehrere Wanderwege führen zu ihm oder um ihn herum. Aber auch im Winter ist er ein lohnendes Ziel, denn er bietet ideale Voraussetzungen für Abfahrtslauf, und kilometerlang gespurte Loipen erlauben es, dem Wintersport auf diese Art zu frönen. Der höchste Berg im Frankenwald hält ein ganzes Füllhorn an Möglichkeiten zur Freizeitgestaltung und Erholung bereit. Im Sommer wird man beim Wandern und Spazierengehen nach Überwindung der Höhe mit beeindruckenden Aussichten bis ins Fichtelgebirge, ins Erzgebirge und in den Thüringer Wald belohnt.

Adresse Am Döbraberg, 95131 Schwarzenbach am Wald-Döbra | Anfahrt A9, Ausfahrt Naila/Selbitz, der B173 Richtung Kronach folgen, bei Naila links Richtung Marlesreuth abbiegen, bis Döbra fahren, dort links auf die Helmbrechtser Straße, kurz vor dem Ortsende rechts auf die Rodecker Straße, am Vereinsheim parken und dem Wanderweg folgen | Öffnungszeiten Berg und Turm immer zugänglich | Tipp Im Mountainbike-Zentrum am Döbraberg gibt es viele Möglichkeiten, die Gegend mit dem Rad zu erkunden.

91 Die Gruftkapelle

Friedliche Ruhe

Gleich am Eingang von Räumlas, einem Ortsteil von Schwarzenbach am Wald, steht auf der Anhöhe rechts eine sogenannte Gruftkapelle.

Johann Will war ein sehr erfolgreicher Holzhändler und der Inhaber einer Mühle. Es besaß einen der modernsten Hochöfen seiner Zeit mit Hammerwerk in der Thiemitz. Für sich und seine Frau baute er ein für damalige Verhältnisse sehr feudales Haus in Räumlas. Er pflegte Kontakte zum Bezirksamtmann und zu weiteren wichtigen Persönlichkeiten. Immer wieder lud er Freunde und Bekannte zu sich ein, dann wurde oft mehrere Tage lang gefeiert. Er war ein geschäftstüchtiger Lebemann, der gemeinsam mit seiner Frau ein zufriedenes Leben führte. Da seine Ehe kinderlos blieb, entschied er sich eines Tages, einen Platz zu schaffen, der auch in Zukunft an ihn und seine Frau erinnern sollte. Es sollte eine Kapelle sein, in der beide eines Tages bestattet werden wollten. Räumlas wurde damals schon kirchenrechtlich von Bernstein am Wald versorgt. Von daher wandte er sich an die dortige Kirchenverwaltung und trug seinen Wunsch vor. Dieser wurde jedoch abgelehnt. So ließ er 1885 kurzerhand eine kleine Kapelle in Räumlas errichten.

Viele Jahre konnte man dort die beiden Zinnsärge stehen sehen und sich dabei an das Ehepaar Will erinnern. Vor wenigen Jahren wurde eine Betonplatte gegossen, die nun die beiden Särge verdeckt. Die Kapelle ist an und für sich sehr karg ausgestattet und wirkt schmucklos. Bereits zu Lebzeiten hat Will auf viel Pomp verzichtet und spendete sein Geld stattdessen lieber an die Gemeinde.

Private Kapellen zu errichten war in gut situierten Kreisen damals üblich und diente zur Bestärkung des Glaubens. Im Laufe der Jahre verfielen aber viele davon. Deshalb ist diese Kapelle als eine regionale Besonderheit zu sehen und, wie es sich Johann Will wünschte, noch heute eine Erinnerung an ihn.

Adresse Räumlas, 95131 Schwarzenbach am Wald-Räumlas | Anfahrt A9, Ausfahrt Naila/Selbitz, auf der B173 Richtung Kronach, bei Straßdorf rechts Richtung Geroldsgrün/Nordhalben, gleich wieder rechts und die nächste Straße links nach Bernstein am Wald, nach etwa 3 Kilometern rechts Richtung Räumlas, Kapelle nach 100 Metern auf der rechten Seite | Öffnungszeiten nur von außen zu besichtigen | Tipp Von der Straße nach Bernstein führt ein Weg links abwärts und direkt in die Schmölz. Diese Einöde entstand zur Bergbauzeit, um das Eisenerz zu schmelzen.

92 Der Schwamma

Essbar oder Kunst?

Wenn der Frankenwäldler von einem Schwamma spricht, dann meint er in den allermeisten Fällen einen essbaren Pilz, der in den heimischen Wäldern vielfach zu finden ist. Der »Schwamma« in Schwarzenstein erinnert jedoch nur äußerlich an einen Pilz. Es handelt sich hierbei um ein einmaliges Gebilde aus Holz mit einem roten Dach, das bereits aus der Entfernung gut sichtbar ist. Die Gemeindemitglieder von Schwarzenstein haben mit der überdimensionierten Konstruktion für eine bleibende Erinnerung an das ehemalige Schloss gesorgt.

Die Feste Schwarzenberg, die von den damals herrschenden Herren von Henneberg erbaut wurde, ging Jahre später in den Besitz der Familie von Reitzenstein über. 1519 kam es aufgrund von Erbstreitigkeiten zu einer Teilung des Ritterguts. Seit dieser Zeit wird zwischen Ober- und Unterschwarzenstein unterschieden. Nähere Aussagen zur Geschichte sind nicht überliefert. Die Chronisten sind sich jedoch allesamt darin einig, dass das Schloss durch ein massives Feuer eines Tages fast komplett vernichtet worden wäre. Heute sind nur noch wenige Mauerreste und die Umrisse von einem Wall erkennbar. Zum Schlossberg führen einige Stufen hoch.

Die Schwarzensteiner selbst lebten in eher ärmlichen Verhältnissen. Um ein sicheres Einkommen zu haben, widmeten sie sich verschiedenen Handwerken. Es gab unter ihnen zahlreiche Weber. Weiter verbreitet waren jedoch die Handwerke des Schanzenbinders und des Tappenmachers. Bei den Schanzen handelt es sich um geflochtene Körbe, und die Tappenmacher fertigten Hausschuhe, also Tappen, aus Stoffresten an.

Am Ortsausgang von Schwarzenstein Richtung Rauschenhammermühle beginnt der Schanzenweg, der den Schanzenbindern gewidmet wurde. Das ist ein 41 Kilometer langer Wanderweg, der bis nach Wilhelmsthal führt, denn auch dort war das Handwerk des Schanzenbinders zu Hause.

Adresse Unterm Schwamma, 95131 Schwarzenbach am Wald-Schwarzenstein | Anfahrt A9, Ausfahrt Naila/Selbitz, auf der B173 Richtung Naila/Kronach, bei Straßdorf Richtung Schwarzenbach am Wald, durch Schwarzenbach fahren, in Schwarzenstein rechts auf An der Waschwiese, etwa 500 Meter weiter | Öffnungszeiten immer zugänglich | Tipp Kurz nach Schwarzenstein steht die Rauschenhammermühle. Sie gehört zu den ältesten Sägewerken Deutschlands und ist immer noch in Familienbesitz.

93 Die Burgruine Nordeck

Wenn die Gier siegt

Um seinen weitflächigen Landbesitz zu schützen, ließ der Graf von Henneberg eine Burg bauen. Von der Veste Nordeck, wie sie genannt wurde, ist heute nur noch eine Ruine übrig. Sie steht am Eingang in das Steinachtal, und obwohl es keine schriftlichen Aufzeichnungen gibt, wird geschätzt, dass die Veste vor über 1.000 Jahren errichtet wurde und lange bewohnt war.

Mitte des 12. Jahrhunderts ging sie aus dem Besitz von Poppo von Henneberg an Bischof Eberhard von Bamberg über. Die Bamberger Bischöfe nutzten das Gebäude für die Verwaltung, die eingesetzten Amtmänner waren für die Rechtsprechung verantwortlich. Zudem bot die Burg reichen Kaufleuten einen Geleitschutz. Die Burgmänner wachten auf dem hohen Turm und konnten so das Umland kontrollieren. Doch all der Reichtum, der durch das Tal getragen wurde, erregte Habgier in ihnen, und so waren sie es bald selbst, die die reichen Kaufleute überfielen und ausraubten.

Im Jahr 1525 kam es zu einem Aufstand der Bauern. Am Tag vor dem geplanten Überfall versammelten sich die Aufständischen am Markt in Stadtsteinach. Sie riefen die Bewohner mit Trommeln aus den Häusern, hissten ihre Bundschuhfahne und kündigten den baldigen Überfall auf die Veste Nordeck und den geplanten Feuersturm an. Dem Aufruf folgend, kamen am nächsten Tag mehrere hundert Bürger auf dem Marktplatz zusammen, trugen Waffen mit sich und waren bereit für den Kampf. Vor dem Abmarsch wurde den raufIustigen Bauern noch reichlich Bier eingeflößt, und so krawallten sie betrunken los und überfielen die Burg. Sie rammten die Tore, plünderten die Vorratskammern und Waffenlager und rissen die Mauern ein. Zudem warfen sie Brandfackeln in die Dachstühle. Die stolze Veste wurde vernichtet, und übrig blieben nur der achteckige Gefängnisturm, der Kopf der Zugbrücke und Trümmer des Wartturms. Heute ist die Burgruine ein beliebtes Ziel für Wanderer und Naturforscher.

Adresse Am Hochofen, 95346 Stadtsteinach | Anfahrt A9, Ausfahrt Himmelkron, auf der B303 Richtung Stadtsteinach, dort links in die Kulmbacher Straße, rechts in die Bahnhofstraße und weiter bis zur Waldschänke Steinachtal, dort Beginn des Wanderwegs | Öffnungszeiten immer zugänglich | Tipp Um mehr über Stadtsteinach in Erfahrung zu bringen, lohnt sich ein Besuch des Heimatmuseums.

94 Die Baumskulpturen

Wo Bäume Märchen und Geschichten erzählen

Es war einmal ein kleines Wäldchen direkt vor der Christuskirche in Steinbach am Wald. Doch dann kam der alles zerstörende Borkenkäfer und griff die schönen Bäume an. Nach einiger Zeit drohten sie vollends abzusterben. Um dem Leiden ein Ende zu bereiten, sägte der Forstbetrieb die Bäume ab. Damit die behagliche Umgebung jedoch nicht ganz verloren ging, hat sich der Steinbacher Bürgermeister dafür stark gemacht, keine Kahlfläche entstehen zu lassen. Er setzte sich mit dem Kronacher Kulturvermittler Ingo Cesaro in Verbindung, und bald war die Idee eines kleinen Kunstparks in Steinbach geboren.

Im Mai 2020 trafen mehrere Bildhauer in Steinbach ein und erweckten die 19 noch stehenden Stämme zu neuem Leben. Sie ließen ihrer Kreativität freien Lauf, inspiriert von der Region und den in ihr lebenden Menschen. So entstanden 19 Skulpturen, die zweifellos als Meisterwerke bezeichnet werden können. Tier- und Märchenfiguren, abstrakte Kunst und Handwerkssymbole stehen aufrecht vor der Kirche – Kunst zum Bestaunen.

Aber auch das daneben befindliche Freizeit- und Tourismuszentrum Steinbach am Wald wartet mit dem Thema »Altes wieder neu kennenlernen« auf. Es beginnt im Erdgeschoss mit einem Wellness- und Familienbad. Eine Etage darüber wurden eine Dauerausstellung und eine multimediale Kreativwelt eingerichtet, die den Frankenwald in allen Facetten spiegeln. Im Außenbereich kann man den Frankenwald in Miniaturform erleben. Es gibt einen Barfußpfad und einen kleinen Kohlenmeiler, zudem werden zahlreiche Märchen und Sagen erzählt. Ein nachgebauter Stolleneingang weist auf die Zeit des Bergbaus hin, der für die Gegend immens wichtig war. Neben einem Baumxylofon warten ein Spielplatz, eine Sprunggrube und vieles mehr auf junge Besucher. Ganz in der Nähe kann man einen Glasobelisk bewundern, dieser gilt als traditionelles Symbol der Glaskunst in der Region.

Adresse Tourismuszentrum, Edwin-Trebes-Str. 2, 96361 Steinbach am Wald | Anfahrt A9, Ausfahrt Bad Lobenstein, auf der B90 Richtung Bad Lobenstein, nach Wurzbach und Lehesten, über den Rennsteig in Steinach in die Rennsteigstraße und bis zum Parkplatz vor der Kirche | Öffnungszeiten immer zugänglich | Tipp Ein beliebtes Ausflugsziel für Familien ist der in der Nähe gelegene Ölschnitzsee.

95 Der Dom St. Laurentius

Kirche Modell Eigenbau

Nicht jede Gemeinde erhält die Möglichkeit, eine neue Kirche zu errichten. Buchbach stand jedoch vor dieser Herausforderung, denn der Vorgängerbau musste aus Altersgründen weichen. Der damalige Pfarrer Reinhold Goldmann ergriff die Gelegenheit beim Schopf und motivierte die Einwohner zu helfen, um die Kosten gering zu halten. Die Menschen arbeiteten Hand in Hand, und schon bald erstrahlte der Neubau in vollem Glanz.

1971 fand die Einweihung der Kirche mit der besonderen Architektur statt. Bei der Gestaltung wurde mit viel Symbolik gearbeitet. Das Gebäude soll einen Lebensbaum darstellen: Der Kirchenvorraum ist der Stamm, das Kirchenschiff die Krone, und der Turm verkörpert den Nadelbaum des Frankenwalds.

Das Hauptschiff erinnert an ein Amphitheater, das eine sechseckige Grundstruktur aufweist, die sich im Kuppeldach wiederfindet. Die fünf Bankblöcke, die die Besucher um den Altar versammeln, stehen für die Menschen der fünf Kontinente. Die beeindruckende Lichtwand lässt bei genauerem Hinsehen Bildnisse der Christenheit, aber auch die Bausteine des Sonnensystems und Länder der fünf Kontinente erkennen. Die Struktur des Sechsecks im Dach, das so wirkt, als würde es frei schweben, verfügt über sechs Gauben, die nicht nur Licht spenden, sondern auch an die Dornenkrone Jesu erinnern sollen. Die dreieckigen Einfassungen der Orgel auf der Empore lassen an die Flammen des Heiligen Geistes denken.

In den Grundmauern des 33 Meter hohen Turms ist eine Kapelle untergebracht, die auch als Werktagskirche genutzt wird. Der beeindruckende Taufstein im Vorraum aus roséfarbenem Marmor weist mit seinen vier Armen auf die vier Himmelsrichtungen hin. Auch die vier Turmuhren verfügen über unterschiedliche Symbole. Selbst die Außenanlagen, die in Parzellen unterteilt wurden, werden von den jeweiligen »Besitzern« gehegt und gepflegt.

Adresse Laurentiusstraße 11A, 96361 Steinbach am Wald-Buchbach | Anfahrt A70, Ausfahrt Kulmbach/Neudrossenfeld, der B85 folgen, auf Höhe Hirschfeld links in die Marienstraße, dem Verlauf folgen, in Windheim links nach Buchbach abbiegen, dort auf der Laurentiusstraße rechts bis zum Parkplatz | Öffnungszeiten täglich 9.30–18 Uhr, Führungen nach Absprache per E-Mail an frankenwalddom@gmx.de | Tipp Ein Kreisverkehr in Steinbach am Wald wird von einem acht Meter hohen Glasobelisken geziert. In den blauen Glassplittern bricht sich das Sonnenlicht und erzeugt wunderbare Effekte.

96 Das Teichmühlenmuseum

Wasserschnittmenge

In einer bischöflichen Urkunde wurden die ersten Mühlen im Frankenwald bereits 1122 erwähnt. Die Teichmühle in Steinwiesen, früher als Hadersmühle bekannt, wurde erstmals 1507 im Kronacher Kastenamt erwähnt. Daneben wurden weitere Betriebe aufgelistet: 43 Schneidemühlen, 16 Mahlmühlen, 1 Hammer, 4 nicht genauer benannte Mühlen und 4 bereits zu jener Zeit nicht mehr vorhandene Mühlen, die die ersten Maschinen der Menschen waren.

Damals gründete sich ein Mühlenverband. Diese Interessengemeinschaft war Eigentümer der Mühlen, jährlich wurde ein neuer Mühlvogt gewählt. Es wurden bestimmte Schneidetage festgelegt, die Reihenfolge des Schneidens wurde vom Mühlvogt ausgelost. Jeder Schneidtaginhaber bekam einen Anteil vom Mühlholz und den erzielten Einnahmen, musste sich aber auch an den Ausgaben beteiligen.

Die Arbeitsbedingungen waren sehr hart, und die Leistungsfähigkeit einer Mühle hing immer vom jeweiligen Wasserstand ab. Wie im Teichmühlenmuseum zu sehen ist, lebten die Schneidemüller mit ihren Familien sehr bescheiden auf engstem Raum. Das Plumpsklo befand sich im Freien, und im Winter durften sich die Hühner auf Stangen in der beheizten Küche aufhalten.

1881 zerstörte ein großer Brand die Teichmühle, und auch 1922 wurde sie von einem Feuer heimgesucht. Bei Renovierungsarbeiten 1951 wurde das alte hölzerne Mühlrad gegen ein eisernes Wasserrad ausgewechselt, das mit einer Kraft von sieben PS arbeiten kann.

Um die Mühle und ihre Geschichte nicht in Vergessenheit geraten zu lassen, wurde 1987 ein Mühlenverein gegründet. Die Mitglieder beteiligen sich ehrenamtlich am Erhalt der Mühle, sie engagieren sich als Museumsführer und im Sägeteam, das in den Sommermonaten an ein bis zwei Tagen in der Woche Mühlholz schneidet. Hilfreich war die Unterstützung des ehemaligen Kronacher Landrats Dr. Heinz Köhler, der mit großem Einsatz dafür sorgte, dass der Nachwelt ein Stück Heimatgeschichte erhalten bleibt.

Adresse Teichmühle 1, 96349 Steinwiesen, Tel. 09261/94633, www.teichmuehle-steinwiesen.byseum.de | **Anfahrt** A9, Ausfahrt Naila/Selbitz, auf der B173 Richtung Naila/Kronach, nach etwa 31 Kilometern links nach Steinwiesen, Museum am Ortsende auf der linken Seite | **Öffnungszeiten** Mai–Okt. So 14–17 Uhr, Gruppenführungen ganzjährig möglich, aktuelle Informationen siehe Website | **Tipp** Das Erhard-Kuhnlein-Museum in Steinwiesen vermittelt einen Eindruck vom früheren Leben im Frankenwald.

97_Der Wasserturm

Feuer und Wasser in der Höhe

Eine Brandkatastrophe Anfang der 1980er Jahre, die durch einen Blitzschlag ausgelöst wurde, zerstörte damals in Birnbaum acht Bauernhöfe. Zum großen Problem wurde die Wasserversorgung, die auch das Löschen des Feuers beeinträchtigt hatte. Von dem schweren Verlust geprägt, einigten sich die Bürger von Birnbaum darauf, einen Wasserturm zu errichten, der den Druckausgleich besser regeln und somit kein weiteres Unglück dieses Ausmaßes zulassen sollte. Nach kurzer Bauzeit konnte bereits 1990 der Birnbaumer Wasser- und Aussichtsturm eingeweiht werden, der auf einer Erhebung von 610 Metern über dem Meeresspiegel steht.

Der Turm ist insgesamt 32 Meter hoch. In 29 Meter Höhe entstand zur großen Freude der Besucher eine phantastische Aussichtsplattform. Der überragende Ausblick von dort oben ermöglicht eine faszinierende Weitsicht bis in das Fichtelgebirge und den Thüringer Wald hinein, bei guten Bedingungen sieht man sogar bis in das Maintal und zum Kloster Banz. Eine Treppe, die rund um den Turm gebaut wurde, führt bis zur Plattform hinauf, und eine durchgehende Überdachung sorgt dafür, dass sogar Regen niemanden vom Aufstieg abhalten kann. Gleich neben dem Wasserturm erinnert eine kleine Kapelle an die gefallenen Soldaten, die im Ersten Weltkrieg ihr Leben lassen mussten.

Aber auch in Birnbaum selbst gibt es noch das eine oder andere Kleinod zu bestaunen. So steht am südwestlichen Ausgang des Ortes ein kleines Kirchlein, das auch »Wunderkapelle« genannt wird. Einst soll ein gelähmter Mann nach dem Besuch der Kirche wieder zu Fuß nach Hause gegangen sein, und eine blinde Frau konnte der Überlieferung nach nach dem Gebet dort plötzlich wieder sehen.

Das barocke Gotteshaus wurde etwa 1660 erbaut. Damals wurden alte Bestandteile aus der ursprünglichen, etwa eineinhalb Jahrhunderte älteren Kirche eingesetzt.

Adresse 86349 Steinwiesen-Birnbaum | Anfahrt A9, Ausfahrt Naila/Selbitz, B173 Richtung Kronach bis Erlabrück, rechts nach Steinwiesen, dort links abbiegen und kurz nach Wagners Hotel bis Birnbaum fahren, durch Neufang und Birnbaum und der Hauptstraße folgen, nach dem Ortsende von Birnbaum noch etwa 200 Meter | Öffnungszeiten immer zugänglich | Tipp In der nahe gelegenen Effelter Mühle, die in einer idyllischen Landschaft liegt, werden Bildhauerkurse angeboten.

98__Das Schwarzkohlebergwerk

Wer hat's entdeckt? Der Dackel!

Stockheim, eine kleine Gemeinde im Landkreis Kronach, hat eine bedeutungsvolle Vergangenheit. Sie war die einzige in Bayern, in der Steinkohle abgebaut wurde.

Im Jahr 1756 unternahm der Förster Christoph Friedrich Gundermann aus Sachsen-Meiningen gemeinsam mit seinem Dackel einen Spaziergang, als der Hund in einem Erdloch verschwand und nach einiger Zeit mit einer schwarzen Schnauze zurückkam. Damit war das Schwarzkohlevorkommen in Stockheim entdeckt. 1763 erhielt Gundermann auf Antrag eine Lehensurkunde und konnte 1766 seine erste Grube mit dem Namen »Vereinigte Nachbarn« eröffnen. Daraufhin geriet die Bevölkerung in eine Art Goldgräberstimmung, und jeder versuchte, so viel Steinkohle wie möglich abzubauen. Jedoch blieben die meisten Anstrengungen erfolglos, teilweise aus finanziellen Gründen, aber viele hatten auch nicht die notwendigen Gerätschaften. Die Gruben, die produktiv waren, erlebten in der Folgezeit trotzdem Höhen und Tiefen. Meist lag es am fehlenden Geld, dass der Abbau gestoppt werden musste. Erst wenn wieder ausreichend Geld zur Verfügung stand, konnte die Arbeit fortgesetzt werden.

Im Laufe der Zeit übernahm Bayern die Gruben, und im Jahr 1911 wurde der Steinkohleabbau offiziell eingestellt. Dennoch ließen sich einige Menschen nicht zurückhalten, und so kam es in den Folgejahren zu weiteren Grubenbefahrungen. Auch der aufgrund des Ersten Weltkriegs vorherrschende Kohlemangel verlangte nach einem weiteren Abbau. Das endgültige Aus kam schließlich am 31. März 1968.

Hinweistafeln in Stockheim markieren heute die noch vorhandenen Grubenlöcher. Für weitere Informationen steht der Verein des Bergbaus zur Verfügung, man vereinbart dort auch gern individuelle Besuchstermine. Ebenfalls sehr interessant ist die Nachbargemeinde Reitsch, in der der Steinkohleabbau relativ zeitgleich Geschichte schrieb.

Adresse Bergbaumagazin Stockheim, Bergwerkstraße 47, 96342 Stockheim, www.bergbau-magazin-stockheim.jimdofree.com | **Anfahrt** A9, Ausfahrt Naila/Selbitz, auf der B173/303 bis Kronach, am Kreisverkehr der B85 Richtung Saalfeld/Stockheim folgen, in Stockheim links auf die Bergwerksstraße und weiter bis zum Ende | **Öffnungszeiten** aktuelle Informationen siehe Website, Anfragen bei Herrn Scheler unter Tel. 09265/1750 | **Tipp** Das älteste Spielzeugmuseum Deutschlands befindet sich in Sonneberg und lädt zu einem Besuch ein.

99 Die Bärwurztour

Meum athamanticum

Der Bärwurz gehört mittlerweile zu den Pflanzen, die in Deutschland nur noch selten zu finden sind und daher auf der Roten Liste stehen. Deswegen ist es so bemerkenswert, dass sich die Pflanze in Tettau so wohlfühlt und hier sehr gut wächst. Ihr zu Ehren wurde sogar ein Wanderweg angelegt, um mehr Wissen über den Bärwurz zu vermitteln und natürlich auch, um der Pflanze ein gutes Leben zu ermöglichen, damit sie auch in Zukunft bestens gedeiht.

Im Frankenwald wurde ein Projekt ins Leben gerufen, das besondere Maßnahmen zum Schutz der gefährdeten Landschaftsstruktur beinhaltet. Landwirte wurden informiert, sie verzichten nun auf Düngung, denn der Bärwurz mag keine Gülle, und sie setzen zum Mähen besondere Geräte ein. Die Gesellschaft wurde über die Bedeutung der wertvollen Kulturlandschaft aufgeklärt und für ihren Erhalt sensibilisiert. Denn schließlich handelt es sich beim Bärwurz nicht nur um eine sehr wohlriechende Pflanze, die mit ihrem süßlichen Duft an Fenchel oder Dill erinnert. Ihr wird zudem eine heilende Wirkung nachgesagt, aber auch für die Verarbeitung als Lebensmittel wird sie gern genutzt. Wegen ihres intensiven Geschmacks findet man sie in verschiedenen Käsesorten, Dips oder auch in Suppen. Selbst bei der Herstellung von Likören wird sie eingesetzt. Übrigens ist ihr Name eine Abkürzung von »Gebärwurz« oder auch »Mutterwurz«, und er zeigt, dass der Bärwurz beispielsweise gegen Beschwerden der Gebärmutter verabreicht wurde. Der Pflanze werden außerdem auch potenziell milchfördernde Eigenschaften nachgesagt.

Die Bärwurztour, die etwa zwölf Kilometer lang ist, führt neben den ausgeschilderten Bärwurzwiesen auch an anderen Sehenswürdigkeiten vorbei. Start und Ziel der Runde ist die Bergstation Wildberglift bei Tettau. Diese liegt etwas östlich von Tettau und direkt an der ehemaligen innerdeutschen Grenze zwischen Bayern und Thüringen nahe dem Rennsteig.

Adresse Skilift Tettau, Wildbergstraße, 96355 Tettau | **Anfahrt** A9, Ausfahrt Bad Lobenstein, Richtung Bad Lobenstein/Wurzbach/Lehesten/Steinbach am Wald, entlang der Frankenwaldhochstraße nach Kleintettau, weiter nach Tettau, dort am Marktplatz links in die Wildbergstraße | **Öffnungszeiten** geführte Touren über Frankenwald Tourismus, Anmeldung unter Tel. 09261/678244 | **Tipp** Von Tettau ist es nicht weit ins thüringische Schiefergebirge mit seiner besonderen Glasbläserei-Kunst.

100_Der Kräutergarten

Die anspruchsvolle Arnika

Hildegard von Bingen erkannte schon im Mittelalter die Heilkraft der Kräuter und setzte viele Pflanzen bei mannigfachen Leiden erfolgreich ein. Sie war wohl auch die Erste, die Arnika zu schätzen wusste und sie zu einem Teil ihrer »Kräuterapotheke« machte. Sie gilt zwar als Giftpflanze, kann jedoch als Salbe oder Tinktur auch äußerlich angewendet werden.

In der Regel wächst Arnika in europäischen Mittelgebirgen und lässt sich nur sehr schwer ansiedeln. Mittlerweile zählt sie zu den gefährdeten Pflanzen, ist vom Aussterben bedroht und kommt in Deutschland nur noch selten vor. Die einzigartige Ausnahme ist die Teuschnitzer Au. Hier hat sich die Arnika natürlich angesiedelt und erfreut in der Blütezeit zwischen Juni und September durch ihre hellgelb leuchtende Farbe jedes Auge.

Der Kräuterlehr- und Schaugarten, in dem 3.500 verschiedene Kräuter, Heilpflanzen und Zierstauden wachsen, bietet einen Ort der Ruhe und Erholung, vermittelt aber auch Wissen rund um Pflanzen und deren Anwendung. Dieser Garten ist ein Musterbeispiel für moderne Landschaftsarchitektur im »New German Style«. Die 2015 geschaffene Anlage umfasst aber nicht nur den Garten. Hier wurde auch die erste deutsche Arnika-Akademie ins Leben gerufen, die sich intensiv mit dieser Pflanze, aber auch mit anderen Heilkräutern, die im Garten vorkommen, beschäftigt.

Gemeinsam mit renommierten Wissenschaftlern wird hier geforscht, und ständig werden neue Rezepturen entwickelt. Seminare und Lehrgänge vermitteln überliefertes Heilpflanzenwissen, beruhend auf dem neuesten Stand der Wissenschaft. In der Arnika-Manufaktur werden die Pflanzen dann bearbeitet und als Kräuterteemischungen, Sirups und Salben sowie als Kosmetikartikel angeboten. Im benachbarten Arnika-Café gibt es leckere hausgemachte Kuchen, verschiedene Kräutertees und auch individuelle Kräuterspezialitäten.

Adresse Schulstraße 5, 96358 Teuschnitz, Tel. 09268/9720 | Anfahrt A9, Ausfahrt Naila/Selbitz, auf der B173 bis Kronach, auf der B85 bis Stockheim und Pressig, in Förtschendorf der Frankenwaldstraße St2198 nach Teuschnitz folgen, dort rechts in die Rappoldengrüner Straße, dann rechts in die Schulstraße | Öffnungszeiten täglich 8–12 Uhr | Tipp Ein Museum der besonderen Art ist das Teddymuseum, das zu einem kuscheligen und unterhaltsamen Besuch einlädt.

101 Das Töpfermuseum

Da gibt der Töpfer den Ton an

Die Stadt Thurnau, die im Landkreis Kulmbach liegt, kann auf eine sehr lange Tradition des Töpferhandwerks zurückblicken. Die ersten Hafner, so die alte Bezeichnung für Töpfer, gab es wohl schon im 14. Jahrhundert. Mit jedem nachfolgenden Jahrhundert wuchs die Anzahl der Töpferwerkstätten im Ort, und dies brachte Thurnau nicht nur einen wirtschaftlichen Aufschwung, sondern auch einen sozial-kulturellen Aufstieg.

Um das Handwerk nicht in Vergessenheit geraten zu lassen, wurde 1985 das Töpfermuseum gegründet. Es befindet sich in einem der ältesten Häuser Thurnaus, der ehemaligen Lateinschule, und hält nicht nur Informationen zur Geschichte bereit, sondern auch zahlreiche Exponate, die im Laufe der Jahre wiedergefunden wurden.

Die Sammlung umfasst Keramiken von insgesamt 19 Werkstätten, von denen heute noch 5 aktiv sind. Dem Besucher wird ein Überblick über die Entwicklung der Keramikproduktion geboten, deren Schwerpunkt lange auf der Herstellung farbig glasierter Ware lag, die für den täglichen Gebrauch erzeugt wurde. Ab Mitte des 19. Jahrhunderts begannen die Töpfer jedoch, ihre Waren auch floral und ornamental mit dem Malhorn zu verzieren.

Thurnau verdankt den Wandel des Handwerks zur Kunst dem Kunstmaler und Keramiker Güther Stüdemann. Er führte in den 1940er Jahren die Fayencemalerei im Ort ein. Als bei Umbauarbeiten des Museums dann eine Rauchküche aus dem 16. Jahrhundert entdeckt wurde, war die Freude groß. Von einzigartigem Reiz sind aber auch die alten Backformen und das Kochgeschirr, das gleichzeitig zum Vorschein kam.

Die Ausstellungsstücke werden schön präsentiert und ausführlich erklärt, genauso wie der Prozess der Tongewinnung und die verschiedenen Arbeitstechniken hervorragend beschrieben werden. Dieses Museum ist in Bayern einzigartig und eines von wenigen Töpfermuseen, die es in Deutschland gibt.

Adresse Kirchplatz 1, 95349 Thurnau, www.toepfermuseum-thurnau.byseum.de | **Anfahrt** A70, Ausfahrt Thurnau-Ost, auf der St2189 nach Thurnau, über den Oberen Markt zur Kirchstraße | **Öffnungszeiten** Sa 13–18 Uhr, So 11–18 Uhr | **Tipp** Das nahe gelegene Schloss bietet zwar keine Besichtigungsmöglichkeit, aber der Eindruck von außen ist auch schon sehr imposant.

102 Die Tanzlinden

Walzer, Marsch und Tango-Rhythmen

Tanzlinden sind in Deutschland nur noch ganz selten zu finden. Umso interessanter ist ein Besuch im Frankenwald, in dem man noch ein paar dieser markanten Bäume entdecken kann.

In früheren Zeiten spielte sich das Leben noch in den kleinen Ortschaften ab. Jeder Ort besaß mindestens eine Wirtschaft und eine Kirche. Zu Ehren dieser Kirche wurde alljährlich das Kirchweihfest veranstaltet. Früher war dieses Fest mit einem Tanzabend verbunden, bei dem sich die Dorfjugend traf. Dies war die perfekte Gelegenheit, eine auserwählte Person näher kennenzulernen. Auch aus den Nachbarorten eilte die Jugend herbei, um an diesem Tanzvergnügen, das die Älteren neugierig beobachteten, teilzunehmen.

Die Tanzlinde in Limmersdorf wird auf das Jahr 1686 datiert. Somit gehört sie zu den ältesten ihrer Art in Oberfranken. Aufgrund ihrer erstaunlichen Höhe von 18 Metern und ihrem Stamm, der einen Durchmesser von 1,3 Metern und einen Umfang von vier Metern misst, hinterlässt sie einen stattlichen Eindruck. Der Tanzboden wurde auf dem Astwerk, das sich in einer Höhe von etwa zwei Metern befindet, angebracht. Diese Fläche wurde durch mit dem Boden verbundenen Stelzen stabilisiert. Manchmal blieben die horizontalen Balken dauerhaft liegen, manchmal wurden sie nach der Tanzsaison wieder abgebaut. Auch das Häuschen für die Musik war in etwa drei Meter Höhe eingerichtet, und somit stand einem schönen, erlebnisreichen Kirchweihabend nichts mehr im Weg.

Die Limmersdorfer Tanzlinde wird seit dem Jahr 1729 genutzt. Sie ist somit neben ihrem hohen Alter auch die am längsten betanzte Linde in Oberfranken. Als Windschutz wurden zwei weitere Linden angepflanzt. 2015 wurde die Limmersdorfer Tanzlinde sogar in das Bundesweite Verzeichnis des immateriellen Kulturerbes aufgenommen. Tanzlinden sind nicht nur Naturdenkmäler, sie werden oftmals zur Gruppe der Baudenkmäler gezählt, die einem kulturellen Zweck dienen.

Adresse 95349 Thurnau-Limmersdorf | **Anfahrt** A70, Ausfahrt Thurnau-West, über die Reuthofstraße nach Limmersdorf und in die Ortsmitte | **Öffnungszeiten** immer zugänglich | **Tipp** Weitere Tanzlinden befinden sich in Peesten und Langenstadt. Limmersdorf verfügt zudem über ein Tanzlinden-Museum.

103 Das Deutsch-Deutsche Museum

Von Streifen, Türmen und Mauern

Mödlareuth ist eine kleine Gemeinde, die immer wieder von Teilung und Trennung betroffen war. Bereits 1810 wurden entlang des Tannbaches neue Grenzsteine gesetzt. Auf der westlichen Seite machte das Königreich Bayern seinen Einfluss geltend, auf der östlichen Seite das Fürstentum Reuß. Nach dem Ersten Weltkrieg blieb der Westteil im neu gegründeten Freistaat Bayern, der Osten gehörte zu Thüringen. In der damaligen Zeit bedeutete diese Teilung im Alltagsleben keine Beeinträchtigung für die Bewohner. Die Schule und das Wirtshaus lagen in Thüringen, und der Gottesdienst fand in Bayern statt.

Nach dem Zweiten Weltkrieg begann für Mödlareuth eine Zeit großer Veränderungen. 1945 errichtete die sowjetische Besatzungsmacht eine Ortskommandantur. Die dazugehörige Scheune wurde zum Gefängnis, in dem illegale Grenzgänger inhaftiert wurden. Das Gebäude wurde von den Bewohnern als »Stalinburg« bezeichnet. Die Bewohner des östlichen Teils bekamen zweisprachige Ausweise. 1946 wurde der Westteil von den Amerikanern besetzt. Und dann kam der Tag des Mauerbaus. Mitten durch den Ort führte nun eine große Trennwand mit Stacheldraht. Jetzt lag der Osten des Ortes in der DDR, der Westen in der BRD – zwei völlig unterschiedliche Systeme. Über Nacht wurden Freunde und Bekannte getrennt, ohne zu wissen, ob man sich jemals wiedersehen würde.

Mit dem Mauerfall 1989 wurde Mödlareuth wieder ein Ort, der sich zwar weiterhin in verschiedenen Bundesländern befindet, dessen Bewohner aber wieder eine Gemeinschaft bilden.

Damit diese Geschichte nie in Vergessenheit gerät, wurde sofort nach dem Mauerfall ein Museum errichtet. Ausgestellt sind Produkte aus dem Osten, und ein informativer Film wird gezeigt. Derzeit wird das Museum durch einen Neubau erweitert, dessen Eröffnung für 2025 geplant ist.

Adresse Mödlareuth 13, 95183 Töpen-Mödlareuth | Anfahrt A72, Ausfahrt Hof/Töpen, auf der B2 nach Töpen, nach 2 Kilometern in Töpen rechts auf die Mödlareuther Straße abbiegen und dieser 3,3 Kilometer folgen | Öffnungszeiten täglich 9–20 Uhr | Tipp Bei einem Spaziergang durch Mödlareuth kann sich jeder ein eigenes Bild davon machen, wie das Leben zur Zeit der Mauer hier aussah.

104 Die Naturbühne

Theater im Steinbruch

Deutschlands schönste Amateur-Naturbühne befindet sich in Trebgast im Landkreis Kulmbach. Sie hat sich seit ihrer Entstehung 1953 zu einem künstlerischen Kleinod entwickelt und ist mittlerweile weit über die Grenzen der Region hinaus bekannt. Bereits seit über 70 Jahren wird auf dieser einzigartigen Waldbühne ohne Unterbrechung Theater gespielt, und sie ist aus der oberfränkischen Kulturszene nicht mehr wegzudenken. Mehrere zehntausend Besucher finden sich in jedem Jahr zu den Sommerfestspielen auf dem Wehlitzer Berg ein, um an der lebendigen Begegnungsstätte für Theater und Kultur teilzuhaben.

Ursprünglich handelte es bei dieser Naturbühne um einen aufgelassenen Sandsteinbruch. Der Zuschauerraum, der insgesamt 549 Personen Platz bietet, ist komplett überdacht, sodass bei jeder Wetterlage gespielt werden kann. Das jährlich wechselnde Programm in der Spielzeit zwischen Mai und August lässt keine Wünsche offen und ist sehr abwechslungsreich gestaltet. Das Amateurensemble schlüpft in Rollen aus klassischen Theaterstücken, Kindergeschichten und auch Stücken aus Eigenproduktion, und hinter den Kulissen sind zahlreiche Bühnenbauer, Techniker und Garderobieren aktiv. Aber auch Kabarett, Konzerte und Gastauftritte von anderen Künstlern werden hier angeboten. Die Naturkulisse macht jedes Schauspiel und jeden Auftritt zu einem ganz besonderen Vergnügen.

Schon nach dem Verlassen des Parkplatzes, auf dem Weg zur Bühne oder zur Kasse, werden die Gäste durch den sie umgebenden Wald inspiriert und hervorragend auf das Erlebnis Naturbühne eingestimmt. Dank der Einbettung in diese herrliche Landschaft zwischen Main, Fichtelgebirge und Frankenwald kann jede Veranstaltung mit allen Sinnen erlebt werden.

Übrigens ist Trebgast bereits auf Landesebene mit einer Goldmedaille und zwei Silbermedaillen der Aktion »Unser Dorf soll schöner werden« ausgezeichnet worden.

Adresse Am Wehlitzer Berg 15, 95367 Trebgast, www.dienaturbuehne.de | Anfahrt A9, Ausfahrt Himmelkron, auf der B303 Richtung Stadtsteinach, nach circa 1,6 Kilometern rechts in die Markgrafenstraße/St2182 und deren Verlauf bis Trebgast folgen, in Trebgast von der Berliner Straße in die Kulmbacher Straße, scharf links in die Bergstraße und bis zum Parkplatz | Öffnungszeiten Spielplan und aktuelle Informationen siehe Website | Tipp Der Felsengarten in Sanspareil ist einem englischen Landschaftsgarten nachempfunden.

105 Das Flößerhaus

Ein nicht übersetzbarer Ruf

In Wallenfels wurde vor vielen Jahren damit begonnen, das alte Flößerhandwerk wieder mit neuem Geist zu beleben. Zu diesem Zweck wurde 1982 eigens die Flößergemeinschaft Wallenfels e. V. gegründet. Neugierig gewordene und interessierte Besucher haben nun die Möglichkeit, eine Floßfahrt auf der Rodach zu unternehmen.

Das Flößen im Frankenwald blickt auf eine lange Tradition zurück. Bereits im Mittelalter waren die ersten Flößer hier unterwegs. Die hohe Qualität der Hölzer machte den Frankenwald weit über die Grenzen Deutschlands hinaus bekannt, und das begehrte Baumaterial wurde über den Main und den Rhein sogar bis in die Niederlande transportiert. Bereits mit der ersten Schneeschmelze ging es los. Jede Lieferung war sicherlich eine Herausforderung für die Flößer, die mit großem Kraftaufwand und höchster Konzentration ihre Waren über die Flüsse dirigierten.

Die traditionelle Flößerei ist längst Geschichte, aber die Erinnerung an diese Zeit ist geblieben. In den Sommermonaten werden in Wallenfels Floßfahrten angeboten, bei denen jedoch der Spaß an erster Stelle steht. Los geht es in Schnappenhammer nordöstlich von Wallenfels. Erfahrene Flößer lenken die aus mehreren Baumstämmen bestehenden Gefährte über eine Entfernung von 4 Kilometern in 45 Minuten bis nach Wallenfels. Es ist ein feucht-fröhliches Erlebnis! Die Fahrt führt durch eine herrliche Landschaft, die Aufmerksamkeit verdient. Doch dann wird es spektakulär, und die sechs Wehre, die durchfahren werden, sorgen dafür, dass jeder inmitten des kühlen Nass eine Art »Taufe« erlebt.

Nach der Ankunft in Wallenfels werden alle Teilnehmer mit dem herzlichen regionalen Schlachtruf »Feuerdunerkeil« begrüßt. Anschließend kann man wieder in trockene Kleidung schlüpfen, Möglichkeiten für eine deftige Brotzeit sind ebenfalls vorhanden, und schöne Erinnerungen an diesen unvergesslichen Tag werden im Flößerlädla angeboten.

Adresse Gäusergrund 1, 96346 Wallenfels, www.flossfahrt-wallenfels.de | Anfahrt A9, Ausfahrt Naila/Selbitz, auf der B173 Richtung Kronach, Abfahrt nach Wallenfels nehmen, 1. Möglichkeit in Wallenfels links, dem Straßenverlauf folgen, Flößerhaus kurz vor der Brücke | Öffnungszeiten Floßfahrten nach Anmeldung unter Tel. 09262/94521 | Tipp Bei einem Ausflug in die kleinen Ortschaften in der Umgebung begegnet man vielen stummen Zeugen der Vergangenheit: alten Häusern, Kirchen und Denkmälern.

106 Der Herrgottswinkel

Ein kindliches Versteckspiel

Etwas erhöht mit Blick auf Wallenfels am nordwestlichen Ende des Ortes gelegen, steht eine große Blockhütte, deren Entstehung mit einer Geschichte verbunden ist.

Ursprünglich befand sich an dieser Stelle ein Kruzifix. Die Klosterschwester Concilia Seidel, die als Kindergärtnerin tätig war, führte in der Nachkriegszeit ihre Schützlinge gern an diesen Ort, da sie dort nach Herzenslust toben und spielen konnten. Die Idylle dieses Platzes und die Ruhe, die dort herrschte, bewegte die Schwester dazu, die Stelle als »Herrgottswinkel« zu bezeichnen. Im Laufe der Zeit erwähnten die Kinder zu Hause immer wieder diesen Namen, und so kam es, dass die Bezeichnung Einzug in den allgemeinen Sprachgebrauch fand.

Irgendwann verschwand in Wallenfels ein kleiner Junge. Eine große Suchaktion wurde gestartet, Männer aus der Gemeinde machten sich daran, den Jungen so schnell wie möglich zu finden. Sogar bis zum Herrgottswinkel hinauf durchforsteten sie unermüdlich jeden Flecken. Mittlerweile war es schon dunkel, und noch immer gab es keine Spur von dem Jungen. Plötzlich rutschte einer der Helfer in eine kleine Grube, die er in der Dunkelheit nicht bemerkt hatte. Als er genauer schaute, wo er gelandet war, erkannte er den vermissten Jungen, der seelenruhig in der Grube schlief. Nicht mal die Rufe nach ihm hatten ihn geweckt.

Nach diesem Erlebnis entschied sich die Gemeinde, an dieser Stelle eine Schutzhütte mit einem Spielplatz für Kinder zu schaffen. Mit ihrem Bau wurde in den 1950er Jahren begonnen, und 1962 konnte sie unter der Teilnahme von etwa 2.000 Gästen eingeweiht werden. Heute befindet sich in der Hütte eine Gaststätte, die gern von Wanderern zur Rast und von Einheimischen zur Einkehr genutzt wird. Und für Kinder ist natürlich auch einiges geboten: Der Spielplatz existiert immer noch und ist mit vielen Spielmöglichkeiten ausgestattet.

Adresse 96346 Wallenfels, Tel. 0175/4791238 | **Anfahrt** A9, Ausfahrt Naila/Selbitz, auf der B173 Richtung Kronach, in Wallenfels links in die Frankenwaldstraße, nach 1,8 Kilometern links in die Ailastraße, nach 300 Metern links über die Rodach, gleich wieder rechts und dann wieder links bis zur Hütte | **Öffnungszeiten** Mai–Sep. Di–So ab 14 Uhr, Okt.–April nur So und Feiertage, bei größeren Gruppen tel. Voranmeldung erbeten | **Tipp** Die Fronleichnamsprozession mit Fahnenschwingen auf der Schwedenbrücke ist ein jährlich stattfindendes und allseits beliebtes Event in Wallenfels.

107 Die Schlossbergkapelle

Maria und die sieben Schmerzen

In und rund um Wallenfels findet sich eine Vielzahl von Kapellen, Wegkreuzen und Marterln. Sie sind ein Zeichen dafür, dass die Bewohner des Ortes dem christlichen Glauben einen hohen Stellenwert einräumen. Es handelt sich sehr häufig um Symbole, die Dankbarkeit ausdrücken oder auf Unglücke hinweisen, die vor vielen Jahren an den betreffenden Stellen passierten.

Ein besonderes Wahrzeichen von Wallenfels, die Schlossbergkapelle, die im Jahr 1923 eingeweiht wurde, hat den Platz eingenommen, auf dem früher die Burg Waldenfels stand. Diese wurde im Bauernkrieg 1525 zerstört. 1868 gab es an der Stelle schon mal eine Kapelle, die aber 1904 wieder abgebrochen werden musste. Ein erneuter Wiederaufbau wurde bereits 1913 vom Magistrat in Wallenfels beschlossen, jedoch konnte der Bau erst nach dem Ersten Weltkrieg in Angriff genommen werden. Beim Bau wurde dem Grundstein auch eine Urkunde, die Aufschluss über die damaligen Ortsverhältnisse gab, beigefügt.

Heute befindet sich im Inneren der Kapelle auf einem Holzaltar ein Vesperbild der heiligen Maria. An der Wand dahinter sind sieben Schwerter, die die sieben Schmerzen Mariens versinnbildlichen sollen, im Halbkreis um das Bild angeordnet. An den Wänden hängen Tafeln, die an die gefallenen Soldaten des Ersten und Zweiten Weltkriegs erinnern.

Mit dem Bau der Kapelle war auch die Entstehung eines Kreuzweges verbunden. Er führte über den sehenswerten Bergfriedhof zur Kapelle und wies 14 Stationen auf. Dieser Weg wurde 2008 vom Frankenwaldverein erweitert, sodass der heute 6,6 Kilometer lange Pfad über 18 Stationen verfügt.

Zur Eröffnung des Pfads schuf ein Künstler aus dem Frankenwald eine moderne Skulptur. Dabei handelt es sich um den Stamm einer gefällten Douglasie, in dem ein Kreuz eingearbeitet ist. Die Kapelle wurde in den Jahren 1997 und 1998 unter Einsatz freiwilliger Helfer restauriert und konnte 1998 wiedereröffnet werden.

Adresse Schlossberg, 96346 Wallenfels | **Anfahrt** A9, Ausfahrt Naila/Selbitz, auf der B173 Richtung Kronach, rechts nach Wallenfels und bis zum Marktplatz, dort Start der Tour | **Öffnungszeiten** ganzjährig von außen zu besichtigen | **Tipp** Um die Tradition der Korbmacher kennenzulernen, empfiehlt sich ein Ausflug in das Korbmachermuseum in Michelau.

108 Der Silberberg

Silberberghütte und Kreuzkapelle

In Wallenfels wurde mit kurzen Unterbrechungen zwischen 1407 und 1918 silberhaltiger Bleiglanz abgebaut. Das Bergwerk befand sich auf dem Silberberg zwischen Wallenfels und Steinwiesen. Noch heute sind einige Schächte vorhanden.

In Wallenfels erzählt man sich, dass auf dem Silberberg vor langer Zeit ein Zwerg hauste, der wegen der Farbe seiner Kleidung nur das »braune Silberbergzwergla« genannt wurde. Er ließ sich selten sehen, half aber gern den guten Menschen und bestrafte die schlechten. Ein fleißiger Wallenfelser Holzarbeiter, der Hannla hieß, besaß ein kleines Häuschen, hatte zwei Ziegen, ein Schwein und einige Hühner. Seine Frau Kuni hielt alles zusammen, und beiden lag viel daran, ihre vier Buben zu rechtschaffenen Menschen zu erziehen. Hannla wurde eines Tages bei der Waldarbeit von einem Stamm getroffen und brach sich das Bein. Der Heilungsprozess zog sich in die Länge, und weil er nicht mehr arbeiten konnte und nichts mehr verdiente, kam bittere Not über die Familie. Sie mussten Schulden machen und landeten bei einem Wucherer. Der wollte dem Hannla alles, was er besaß, nehmen, am Ende sollte sein Besitz versteigert werden.

An einem Abend ging Kuni auf den Silberberg, um Pilze für das Nachtmahl zu sammeln. Sie begann bitterlich zu weinen und bat das Silberbergzwergla um Hilfe. Der Zwerg hatte Mitleid mit Kuni und führte sie in ein Gemach, in dem es vor Silber nur so glänzte. Er gab Kuni mehrere Barren mit. Hannla war hocherfreut, als seine Kuni nach Hause zurückkehrte. Er tat, wie ihr der Zwerg geraten hatte, und machte einen Teil des Silbers zu Geld. So konnte seine Familie das Haus behalten. Den Wucherer passte der Zwerg jedoch ab und schlug ihn windelweich, bis er versprach, alles Geld seinen Schuldnern zurückzugeben.

Wahrscheinlich war der Silberzwerg den Wallenfelsern wohlgesonnen, denn der Silberabbau wurde zu einem rentablen Wirtschaftsfaktor im Ort.

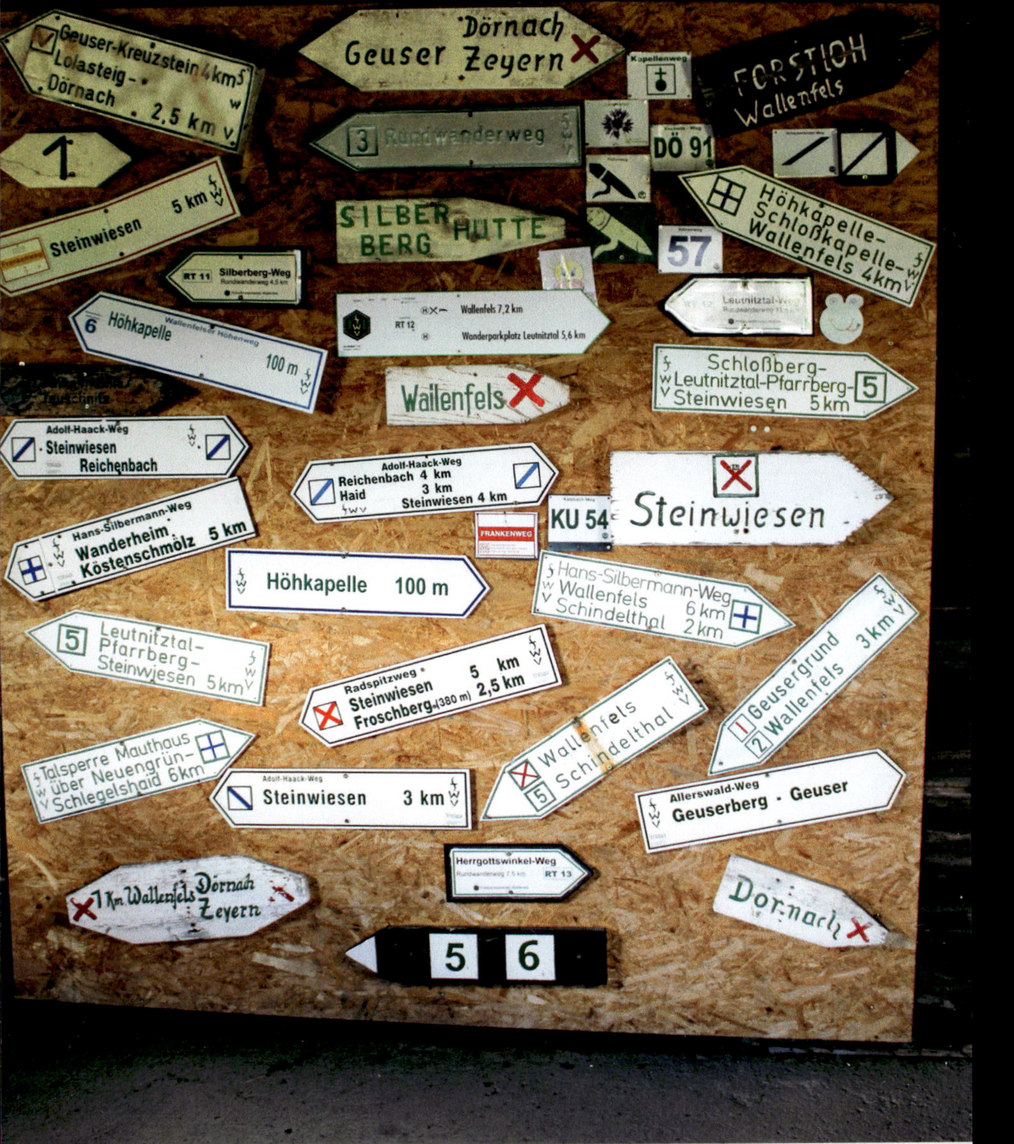

Adresse Bahnhofstraße, 96346 Wallenfels | Anfahrt A9, Ausfahrt Naila/Selbitz, auf der B173 Richtung Kronach, dann rechts nach Wallenfels, durch den Ort, Wanderparkplatz am Ende auf der rechten Seite, Tour zum Silberberg ausgeschildert | Öffnungszeiten immer zugänglich | Tipp Für Kinder, aber auch für Erwachsene, die gern mal wieder Kind sein möchten, bietet der Spielplatz NaturErlebnis Leutnitztal eine Fülle an Attraktionen.

109 Die steinerne Brücke

Wo die Panzer rollten

Selten sind im Frankenwald Brücken zu finden, die dem steinernen Meisterwerk in Wirsberg ähneln. Der Bau wird auf das Jahr 1711 datiert. Zur Stabilisierung der Brücke wurden schwere Baumstämme in den Boden gerammt, und die beiden Bögen wurden aus Feldsteinen geschaffen. Große Sandsteinquader verdichteten die Konstruktion. Sehr interessant ist die Auflistung der Ausgaben aus der Gemeindechronik. Darin wird genau beschrieben, was der Brückenbau gekostet hat, inklusive der Verköstigung der Arbeiter. Damals schon sprach man von einer Meisterleistung der Erbauer.

Die Brücke war immer hohen Belastungen ausgesetzt: Schwere Fuhrwerke, beladen mit Kupfererz, massiven Steinen oder Panzer fuhren über sie hinweg. Aber sie trotzte auch Überschwemmungen, beispielsweise dem Jahrhunderthochwasser von 1909 mit meterhohen Wellen und Eismassen.

In den 1980er Jahren sollte die Brücke abgerissen werden. Sie war den Anforderungen des Verkehrs nicht mehr gewachsen, und ein Neubau wurde geplant. Aber die Wirsberger nahmen das nicht einfach so hin. Sie starteten Unterschriftenaktionen und setzten sich letztendlich durch. Die meterstarken Baumstämme, die lange Zeit als Fundamente der beiden Segmentbögen ihren Dienst getan hatten, wurden gegen 17 etwa acht Meter lange Stahlbetonpfähle ausgetauscht. Die Fahrbahn wurde aus Beton gegossen. Und jetzt können sogar Fahrzeuge mit einem Gewicht von bis zu 30 Tonnen über die neue Brücke fahren.

Zum Glück war der Widerstand der Einheimischen so stark. Daran sieht man, dass nicht immer alte Bausubstanz vernichtet werden muss, sie kann auch auf die Anforderungen der heutigen Zeit ausgerichtet und an sie angepasst werden. Es ist immer wieder ein faszinierendes Erlebnis, solche Zeugen vergangener Jahrhunderte zu sehen und zu staunen, wie die damaligen Handwerker mit wenigen technischen Geräten derartige Bauwerke zustande brachten.

Adresse Marktplatz, 95339 Wirsberg | Anfahrt A9, Ausfahrt Himmelkron, auf der B303 Richtung Stadtsteinach, rechts nach Wirsberg und bis zur Ortsmitte | Öffnungszeiten immer zugänglich | Tipp Von Wirsberg ist es nicht weit zur Eremitage in Bayreuth.

110 Die Kirchenruine

Und plötzlich steht da eine Wand

Wer von Wirsberg aus Richtung Neufang geht, stößt auf die Ruine der Heiliggeistkirche. Das historische Baudenkmal ist ein Wahrzeichen vorreformatorischer Zeiten. Die Kirche wurde an einer exponierten Stelle errichtet, sodass sie schon von Weitem sichtbar war und den Pilgern den Weg wies. Um das Gotteshaus ranken sich viele Legenden. Noch heute erzählt man sich, dass in einem unterirdischen Gang der alten Ruine zwölf goldene Apostel vor den herannahenden Hussiten versteckt wurden. 1430 soll die Kirche von diesen zerstört worden sein. Tatsächlich wurden in der Umgebung mehrere Gänge entdeckt, in denen sich bis in die 1960er Jahre immer wieder Schatzsucher tummelten. In Anbetracht der Bergwerksgeschichte der Gegend werden es aber lediglich alte Stollen gewesen sein.

Bei Ausgrabungen 1936 wurden die Ausmaße des Gebäudes deutlich: Die Kirche war 100 Fuß lang und 42 Fuß breit, wurde im gotischen Stil erstellt und besaß eine Sakristei. Die noch stehende Mauer hat in der Mitte ein breites Eingangstor, und in Brusthöhe findet sich dort ein rechtwinkliger Kanal, an dem vermutlich der Querriegel angebracht war.

Nach den Zerstörungen und der Reformation verfiel die Kirche immer mehr. Die Gemeinde Wirsberg stellte den Antrag, sie abreißen zu dürfen. Der wurde genehmigt, und die Wirsberger haben aus den Steinen ein neues Schulhaus und einige weitere Gebäude errichtet. Wer sich nachts illegal mit Baumaterial eindeckte, kam offenbar nicht ungeschoren davon. Es heißt, dass plötzlich Vieh und Schweine tot in den Ställen lagen, die die Diebe mit den entwendeten Steinen gebaut hatten.

Bei Renovierungsarbeiten an der Schule wurden 1926 drei Teile einer spätgotischen Ölberggruppe gefunden. Darunter war der Petrus-Torso, der jetzt im Wirsberger Rathaus zu besichtigen ist. Auch in anderen Gebäuden entdeckte man später weitere Teile der Gethsemane-Gruppe.

Adresse Kulmbacher Straße, 96349 Wirsberg-Neufang | Anfahrt A9, Ausfahrt Himmelkron, auf der B303 Richtung Stadtsteinach, in Wirsberg rechts und 1,3 Kilometer durch den Ort, der Straße folgen, kurz vor Neufang wieder rechts | Öffnungszeiten immer zugänglich | Tipp Der Rundwanderweg KU12, auch Goldener-Falk-Weg genannt, führt an mehreren ehemaligen Gruben vorbei.

111 Das Bauernhofmuseum

Landwirtschaft hinter Glas

An der Grenze zum Fichtelgebirge in der Nähe des Waldsteins ziert das Bauernhofmuseum den Ort Kleinlosnitz, der zu Zell gehört. Es ist das einzige seiner Art in Oberfranken.

Eigentlich waren die Bewohner des Ortes dafür, die »alte Bruchbude« wegzureißen, für sie war der alte Bauernhof ein Schandfleck. Erst der 1973 gegründete Verein Oberfränkisches Bauernhofmuseum erkannte den Schatz, der sich in dem Gebäude verbarg. Den Mitgliedern war es wichtig, einen für die Landschaft typischen und nur noch selten in der Region bestehenden Bauernhof für die Nachwelt zu erhalten. Da noch eine große Menge an Urkunden für den 1791 erbauten Dietelhof vorhanden war, konnte die Hofgeschichte lückenlos erforscht werden. Man entschied, den Hof als Museum stehen zu lassen, die Sanierungsarbeiten begannen. Das Amt für Denkmalpflege legte besonderen Wert darauf, dass bei der Restaurierung alte Baumaterialien zum Einsatz kamen. Das Dach musste wieder mit Stroh gedeckt werden, wie es einst in der Gegend üblich war, und die von Hand bearbeiteten Balken mussten mit der traditionellen Handwerkstechnik, die kaum noch jemand beherrschte, zu neuem Leben erweckt werden. 1983 fand die Eröffnung statt, der Dietelhof wurde nun erstmals der Öffentlichkeit zugänglich gemacht.

Mittlerweile konnte das Museum durch die Übertragung weiterer Gebäude wachsen. Ausgestellte Werkzeuge und Arbeitsgeräte weisen auf die mühsame Arbeit von damals hin und beschreiben die karge Lebensweise der Bewohner. Sonderausstellungen und ein eigenes Bauernhofkino beleben das Museum zusätzlich. Pädagogisch reizvoll sind auch die Aktivitäten für Kinder, die hier lernen können, wie Butter früher hergestellt wurde oder wie einst die Waschtage aussahen. Es gibt auch spezielle Kurse für Kinder, bei denen das Malen, Basteln und Spielen an erster Stelle stehen. Sie sollen sowohl lehrreich als auch vergnüglich sein.

Adresse Kleinlosnitz 5, 95239 Zell-Kleinlosnitz | Anfahrt A9, Ausfahrt Gefrees, nach 3,4 Kilometer links in die Hofer Straße, nach etwa 12 Kilometern Abzweigung Lösten nach rechts nehmen, etwa 700 Meter zum Museum | Öffnungszeiten Mo–Fr 13–18 Uhr, Sa, So 13–19 Uhr | Tipp Vor dem nordwestlichen Ortseingang steht ein 22 Meter hoher Aussichtsturm, der an die Kriegsgefallenen erinnert.

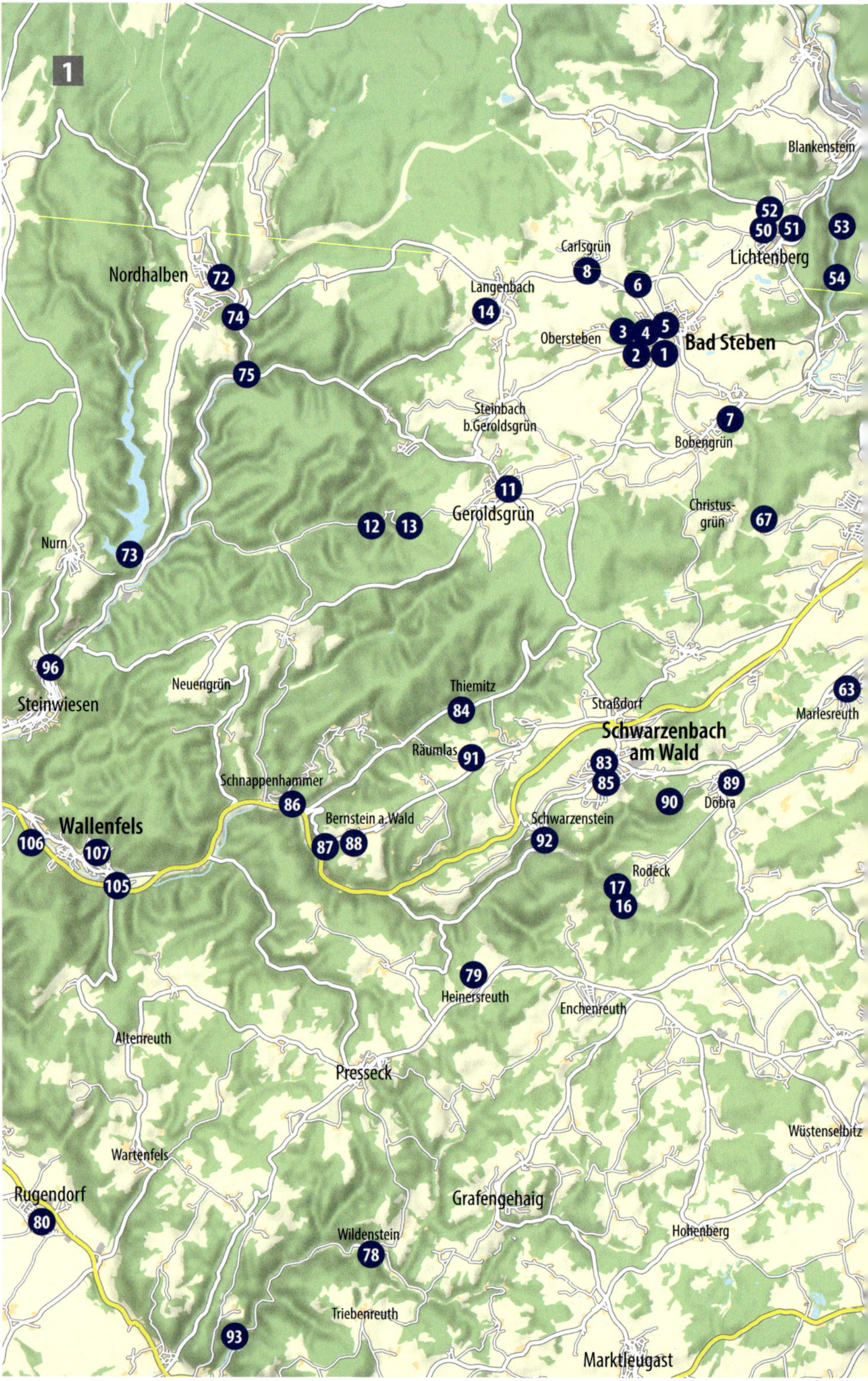
1
Blankenstein
52
50
51
53
Lichtenberg
54
Carlsgrün
8
6
Nordhalben
72
Langenbach
14
74
Obersteben
3
4
5
Bad Steben
2
1
75
Steinbach b.Geroldsgrün
7
Bobengrün
11
Geroldsgrün
Christus-grün
67
12
13
Nurn
73
96
Steinwiesen
Neuengrün
Thiemitz
84
Straßdorf
63
Marlesreuth
Schwarzenbach am Wald
Räumlas
91
83
85
Schnappenhammer
86
89
90
Döbra
Bernstein a.Wald
Schwarzenstein
Wallenfels
106
107
87
88
92
Rodeck
17
16
105
79
Heinersreuth
Enchenreuth
Altenreuth
Presseck
Wüstenselbitz
Wartenfels
Rugendorf
80
Grafengehaig
Wildenstein
78
Hohenberg
Triebenreuth
93
Marktleugast

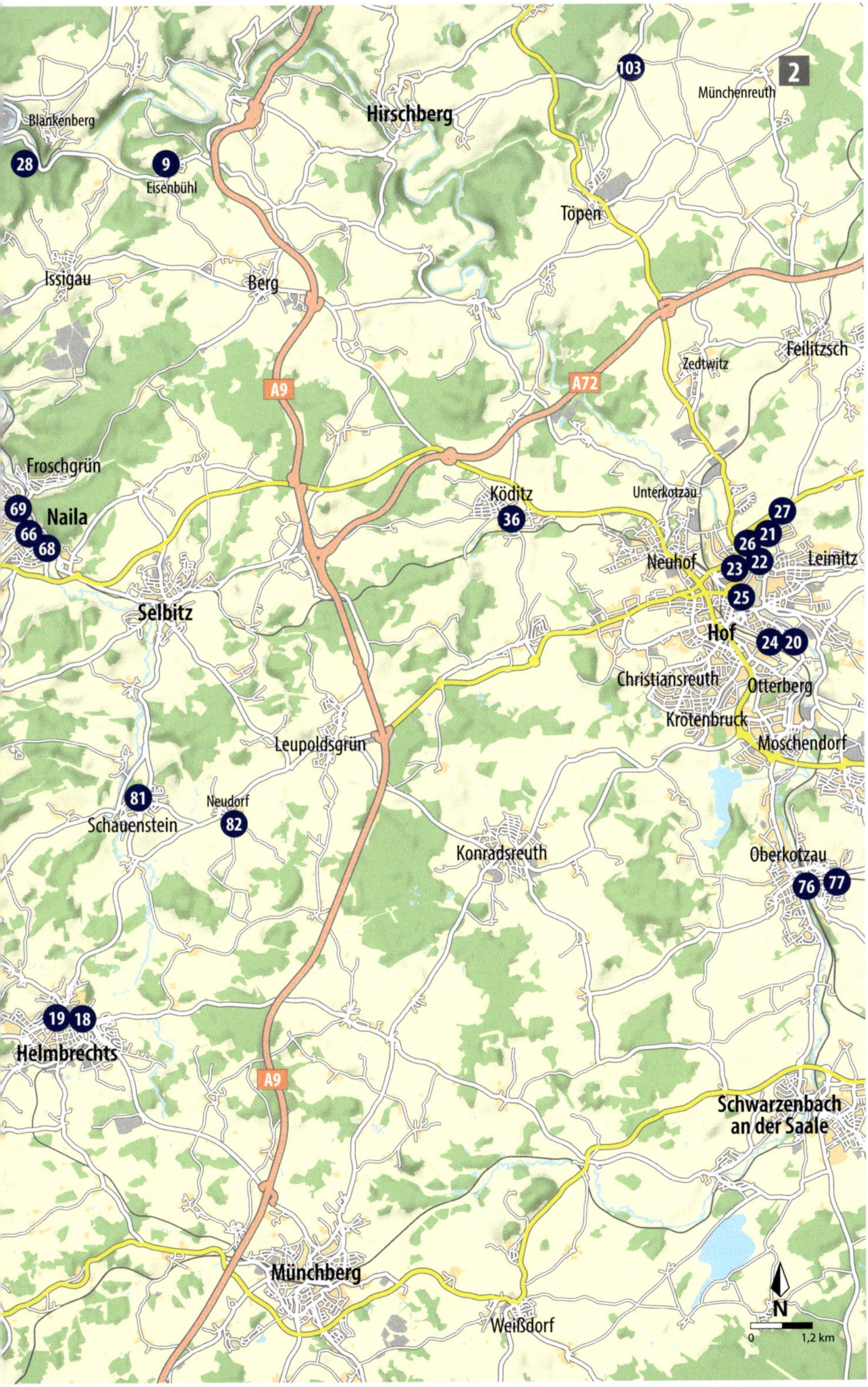
2
103
Münchenreuth
Blankenberg
Hirschberg
28
9
Eisenbühl
Töpen
Issigau
Berg
Feilitzsch
Zedtwitz
A9
A72
Froschgrün
Köditz
Unterkotzau
69
Naila
27
36
66
21
68
26
Neuhof
22
Leimitz
23
Selbitz
25
Hof
24
20
Christiansreuth
Otterberg
Krötenbruck
Leupoldsgrün
Moschendorf
81
Neudorf
Schauenstein
82
Konradsreuth
Oberkotzau
76
77
19
18
Helmbrechts
A9
Schwarzenbach
an der Saale
Münchberg
N
Weißdorf
0
1,2 km

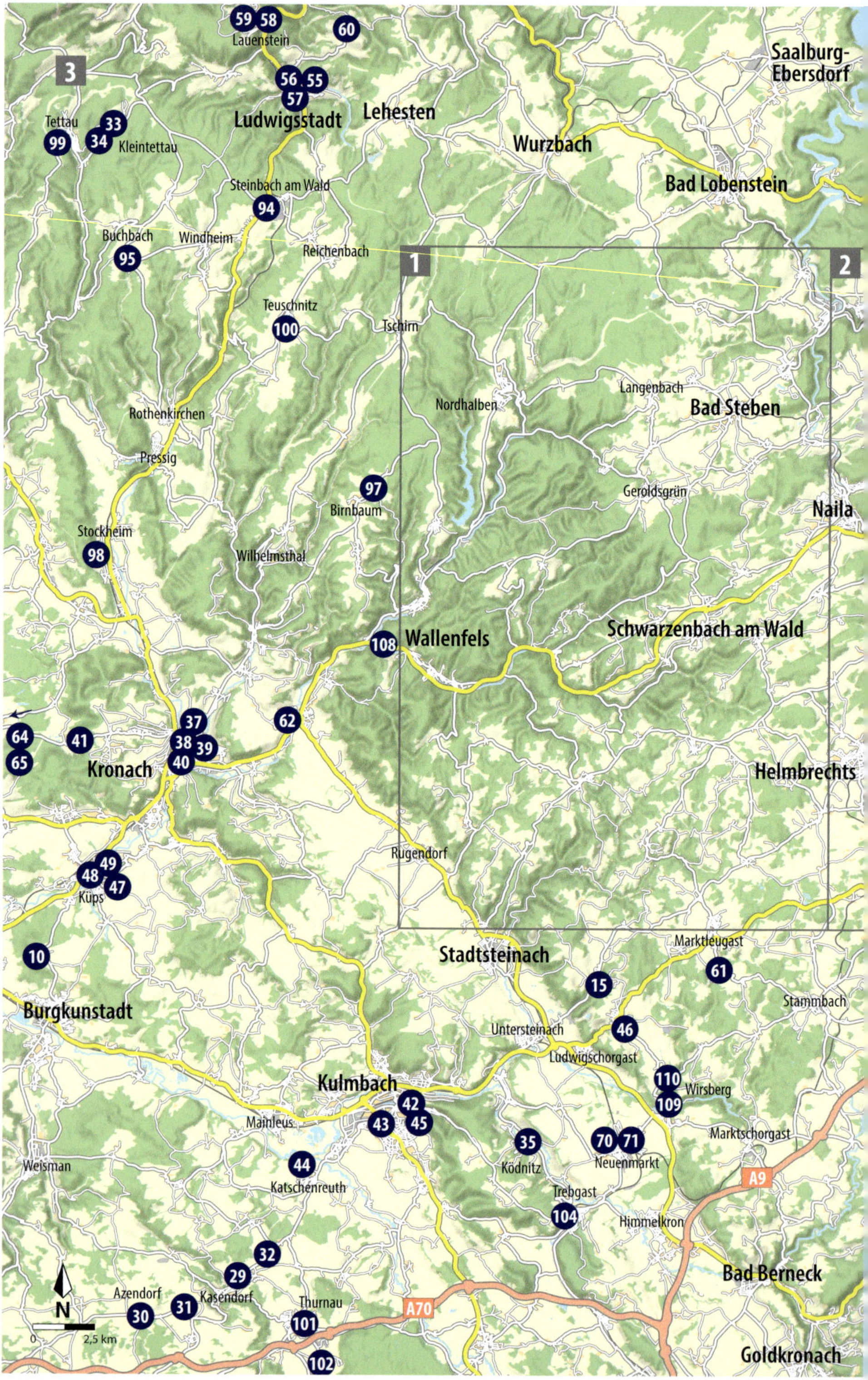

59 58
Lauenstein
60
3
56 55
57
Ludwigsstadt
Lehesten
Saalburg-Ebersdorf
Tettau
33
99
34
Kleintettau
Wurzbach
Bad Lobenstein
Steinbach am Wald
94
Buchbach
Windheim
95
Reichenbach
1
2
Teuschnitz
100
Tschirn
Langenbach
Nordhalben
Bad Steben
Rothenkirchen
Pressig
97
Geroldsgrün
Birnbaum
Naila
Stockheim
98
Wilhelmsthal
108
Wallenfels
Schwarzenbach am Wald
37
62
64
41
38
39
65
40
Kronach
Helmbrechts
Rugendorf
49
48
47
Küps
10
Marktleugast
Stadtsteinach
61
15
Stammbach
Burgkunstadt
Untersteinach
46
Ludwigschorgast
110
Wirsberg
Kulmbach
109
42
Mainleus
43
45
Marktschorgast
35
70
71
Weisman
Ködnitz
Neuenmarkt
A9
44
Katschenreuth
Trebgast
104
Himmelkron
32
Bad Berneck
29
Azendorf
Kasendorf
N
31
Thurnau
A70
30
0
2,5 km
101
102
Goldkronach

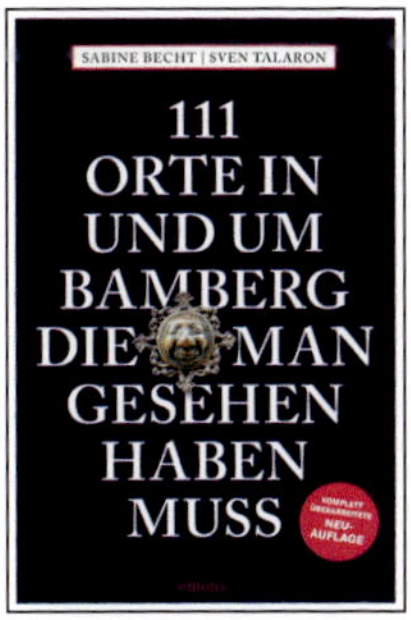

Sabine Becht, Sven Talaron
111 Orte in und um Bamberg, die man gesehen haben muss
ISBN 978-3-7408-2321-4

Tim Frühling
111 Orte in der Rhön, die man gesehen haben muss
ISBN 978-3-7408-2377-1

Jochen Reiss, Rüdiger Liedtke
111 Orte Ludwigs II., die man gesehen haben muss
ISBN 978-3-7408-2096-1

Susanne Jagusch, Rudolf Jagusch
111 Orte im Vogtland, die man gesehen haben muss
ISBN 978-3-7408-1841-8

Dorothea Steinbacher
111 Orte im Chiemgau und im Rupertiwinkel, die man gesehen haben muss
ISBN 978-3-7408-2266-8

Thomas Rosky
111 (Klein)Gartenlokale in und um München, die man kennen muss
ISBN 978-3-7408-1453-3

Jochen Reiss
111 Orte im Fünfseenland, die man gesehen haben muss
ISBN 978-3-7408-2247-7

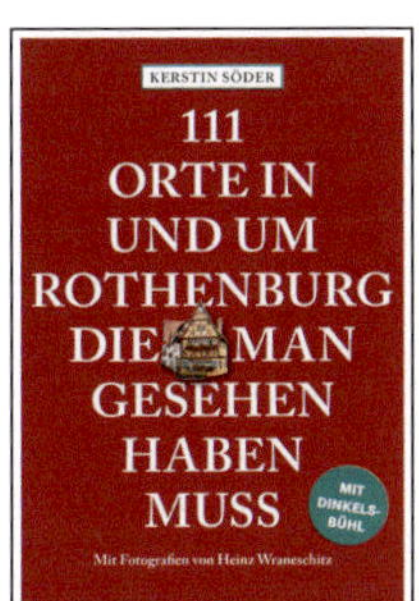

Kerstin Söder
111 Orte in und um Rothenburg, die man gesehen haben muss
ISBN 978-3-7408-2068-8

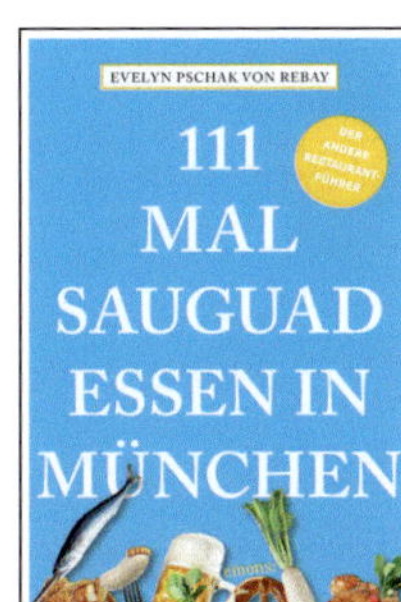

Evelyn Pschak von Rebay
111 Mal sauguad essen in München
ISBN 978-3-7408-2202-6

Reiner Vogel
111 Orte in Niederbayern, die man gesehen haben muss
ISBN 978-3-7408-2198-2

Dietmar Bruckner, Jo Seuß
111 Orte in Nürnberg, die man gesehen haben muss
ISBN 978-3-7408-2177-7

Cornelia Ziegler
111 Orte im Allgäu, die man gesehen haben muss
ISBN 978-3-7408-2128-9

Richard Auer, Gerhard von Kapff
111 Orte im Altmühltal und in Ingolstadt, die man gesehen haben muss
ISBN 978-3-7408-2047-3

Rüdiger Liedtke
111 Orte in München, die Geschichte erzählen
ISBN 978-3-7408-2045-9

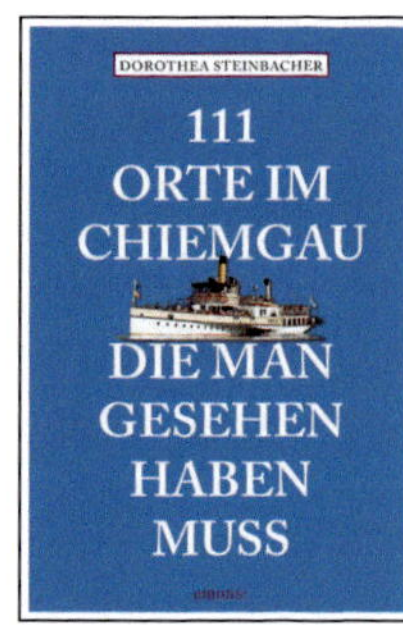

Dorothea Steinbacher
111 Orte im Chiemgau, die man gesehen haben muss
ISBN 978-3-7408-2046-6

Rüdiger Liedtke
111 Orte in München, die man gesehen haben muss, Band 1
ISBN 978-3-7408-2126-5

Harry Luck, Norbert Jung
111 Orte im und am Bamberger Dom, die man gesehen haben muss
ISBN 978-3-7408-1746-6

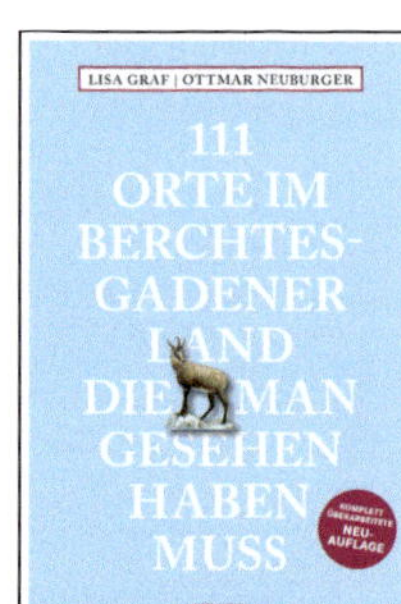

Lisa Graf-Riemann, Ottmar Neuburger
111 Orte im Berchtesgadener Land, die man gesehen haben muss
ISBN 978-3-7408-1803-6

Annabelle Fagner
111 Orte im Loisachtal, die man gesehen haben muss
ISBN 978-3-7408-1683-4

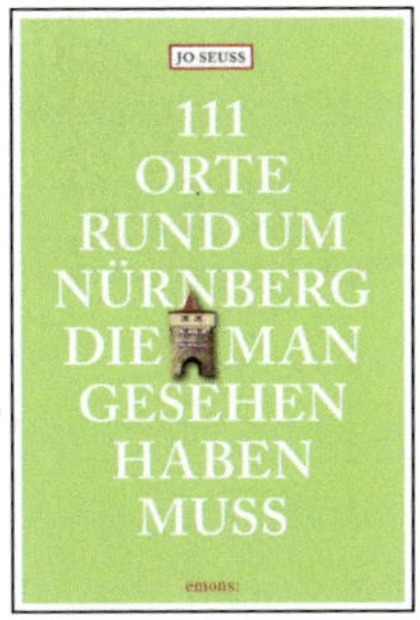

Jo Seuß
111 Orte rund um Nürnberg, die man gesehen haben muss
ISBN 978-3-7408-1730-5

Leonhard F. Seidl
111 Orte in der Frankenhöhe, die man gesehen haben muss
ISBN 978-3-7408-1230-0

Ranka Keser
111 Orte in der Hallertau, die man gesehen haben muss
ISBN 978-3-7408-1379-6

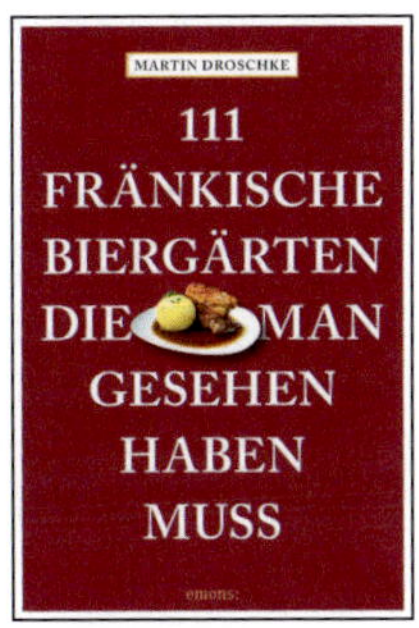

Martin Droschke
111 fränkische Biergärten, die man gesehen haben muss
ISBN 978-3-7408-1956-9

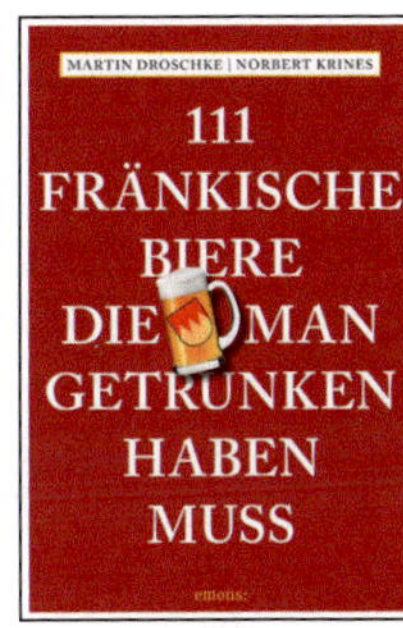

Martin Droschke, Norbert Krines
111 Fränkische Biere, die man getrunken haben muss
ISBN 978-3-7408-1835-7

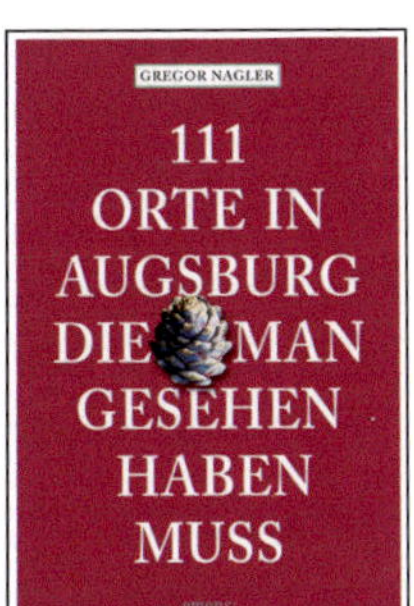

Gregor Nagler
111 Orte in Augsburg, die man gesehen haben muss
ISBN 978-3-7408-1782-4

Michael Horling
111 Orte in und um Schweinfurt, die man gesehen haben muss
ISBN 978-3-7408-1302-4

Martin Droschke
111 Kirchen in der Oberpfalz, die man gesehen haben muss
ISBN 978-3-7408-1629-2

Marko Roeske
111 Orte im Bayerischen Wald, die man gesehen haben muss
ISBN 978-3-7408-1690-2

Astrid Süßmuth
111 Almen und Hütten in Oberbayern, die man gesehen haben muss
ISBN 978-3-7408-1751-0

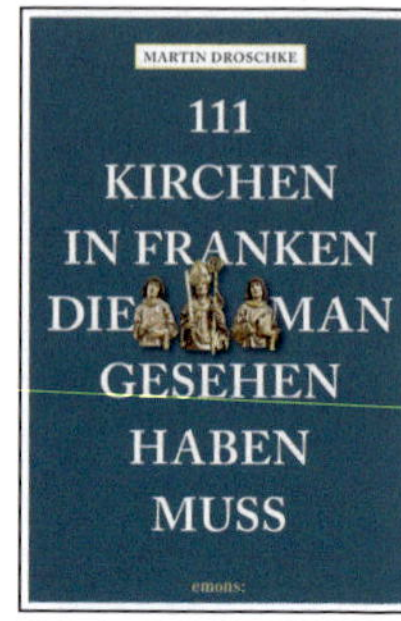

Martin Droschke
111 Kirchen in Franken, die man gesehen haben muss
ISBN 978-3-7408-1468-7

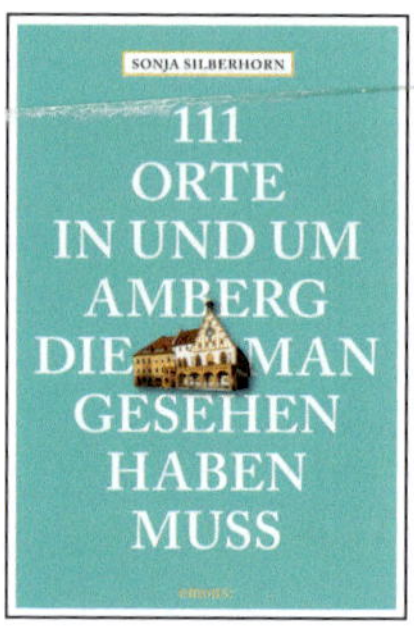

Sonja Silberhorn
111 Orte in und um Amberg, die man gesehen haben muss
ISBN 978-3-7408-1463-2

Christian Gehl
111 Badeplätze in und um München, die man kennen muss
ISBN 978-3-7408-1423-6

Dorothea Steinbacher
111 Wallfahrtsorte in Oberbayern, die man gesehen haben muss
ISBN 978-3-7408-1284-3

Tim Frühling
111 Orte an Main und Kinzig, die man gesehen haben muss
ISBN 978-3-7408-1345-1

Christoph Schrahe, Stefan Herbke, Thomas Biersack
111 Skipisten, die man gefahren sein muss
ISBN 978-3-7408-1600-1

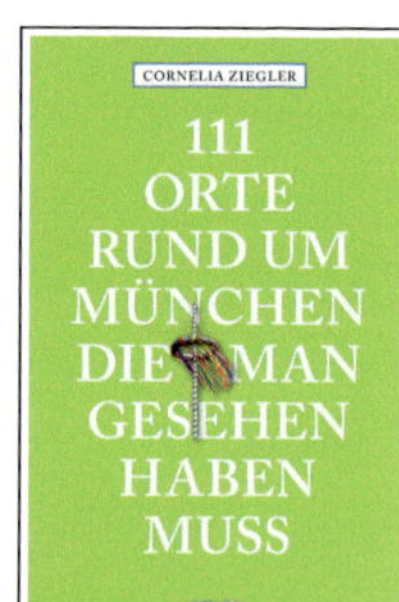

Cornelia Ziegler
111 Orte rund um München, die man gesehen haben muss
ISBN 978-3-7408-0437-4